KB269879

암을 이기는
복내 영양요법

암을 이기는
복내 영양요법
Nutritional Treatment for
Overcoming Cancer

2012. 3. 27. 초판 발행
2015. 3. 25. 3쇄 발행

지은이 최금옥
펴낸이 정애주
국효숙 김기민 김의연 김준표 박세정 박혜민
송승호 염보미 오민택 오형탁 윤진숙 임승철
정한나 조주영 차길환 한미영

펴낸곳 주식회사 홍성사
등록번호 제1-449호 1977. 8. 1.
주소 (121-885) 서울시 마포구 양화진4길 3
전화 02) 333-5161
팩스 02) 333-5165
홈페이지 www.hsbooks.com
이메일 hsbooks@hsbooks.com
트위터 twitter.com/hongsungsa
페이스북 facebook.com/hongsungsa
양화진책방 02) 333-5163

ⓒ 최금옥, 2012

• 잘못된 책은 바꿔 드립니다.
• 책값은 뒤표지에 있습니다.

ISBN 978-89-365-0916-3 (03230)

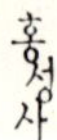

암을 이기는 복내 영양요법

최금옥

지음

홍성사.

차례

/

들어가며

식이요법에 대한 저의 관심은 남편으로 인해 시작되었습니다. 25년 전 결혼할 당시, 남편은 건강이 몹시 안 좋았습니다. 중학교 때 사구체신장염을 앓았고, 청년기에는 B형활동성간염으로 고통을 겪었습니다. 저는 남편의 건강을 위해 자연스레 식이요법에 관심을 갖게 되었습니다. 당시 자연식에 대한 관심이 사회적으로 고조되어 저 또한 자연식 요리법으로 채식 위주의 식단을 짰습니다. 그러나 일을 좋아하는 남편은 점점 야위어 가고 쓰러지기를 반복하더니 결국 간경화로 악화되었습니다. 그 뒤에도 유언을 할 만큼 몇 번의 큰 고비를 넘겼습니다. 저 나름대로 꾸준히 노력한 식단으로는 남편의 건강이 좀처럼 회복되지 않기에 절망에 빠지기도 했습니다.

그 무렵 체질 전문 한의사를 만났고, 그분께 체질에 따른 섭생법을 배웠습니다. 남편과 저에게 적용하는 가운데 남편의 몸이 조금씩 좋아지고 체중도 늘면서 체력이 향상되었습니다. 그때부터 저는 본격적으로 체질 음식과 자연의학 관점에 따른 식이요법을 공부했고, 나아가 암 환자들에게 이 식단을 개인에 맞게 적용해 보았습니다. 그러나 자연식과 체질식으로 10여 년 동안 환자들을 섬기면서 기대만큼의 결과에 이르지는 못했습니다. 뒤늦

게나마 서양 영양학을 배우고자 대학에 편입하여 공부를 했습니다.

암 환자들의 영양 상태는 면역력과 직결되기 때문에 식이처방이 매우 중요합니다. 그래서 환자 개개인의 영양 상태, 가족력, 병적 증상, 계절을 고려해 좋은 재료를 선택하여 적절하게 식단을 짜고 양을 조절해 주어야 합니다. 저희 센터에서 이런 기준으로 환자들을 상담하고 지도한 후 삶의 질이 높아지고 생명이 연장된 분들이 다수 계셨습니다. 그러나 대부분의 암 환자나 일반인이 무엇을 어떻게 먹어야 할지 몰라 허둥대는 것을 볼 때 마음이 아픕니다. 실제로 본원에 오시는 분들 가운데 대체의학에 의지하여 채식만 하다가 심각한 영양실조 상태로 입소하여 회복하지 못한 경우도 있습니다. 반면, 병원 치료에만 의존하다 몇몇 의사나 영양사 지도에 따라 육류와 가공식품을 무분별하게 섭취하여 혈액이 탁해져 암의 전이와 재발로 어려움을 겪는 분들도 자주 보았습니다.

자연의학을 하는 사람들의 식이처방은 정확한 적용과 영양 균형이 중요한데 이 점이 부족했습니다. 또한 체질식은 체질을 정확하게 파악해야 하는데 한의사마다 진단이 다르므로 매우 혼란스러웠습니다. 그리고 체질에 따른 섭생법은 같은 체질이어도 개인에 따라 차이가 있음을 임상 체험으로 발견했습니다. 이토록 복잡한 인간을 4체질이나 8상체질로 단순화하여 체질에 따른 섭생을 하게 하는 것은 환자를 돌보는 입장에서는 불안할 수밖에 없습니다. 그래서 내린 결론은, 지구상에 70억의 인구가 있다면 70억의 체질이 존재한다는 것입니다. 그만큼 다양한 개인차가 있다는 말이죠. 그래서 서양의 분석적인 영양학과 동양의 직관에 의한 통찰을 통합하는 것이 우리의 과제라고 생각합니다.

한편, 서양 영양학에서도 놓치고 있는 것이 있습니다. 서양 영양학은 영양소와 칼로리에 치중해 전체를 보지 않고 부분에만 머무는 아쉬움이 있습니다. 과학은 완전하지 못하며 과학적인 이론은 시대를 거듭할수록 발전하고 새로운 이론들로 바뀝니다. 과거의 임상 잣대로 오늘의 질병에 접근하는 것은 한계가 있습니다. 무엇보다 아쉬운 점은 근거 중심의 과학주의가 물질에 있는 내재적인 에너지의 역할을 간과하고 있다는 것입니다.

먹는다는 것은 영양소를 섭취하는 데 그치지 않습니다. 그것은 우주의 생명에너지와 연합한다는 의미이며, 그 생명을 더 충만하게 하는 거룩한 행위입니다. 우리가 무엇을 먹느냐에 따라 그 사람의 성품이 정해지고 나아가 의식 수준까지 정해집니다. 음식을 먹는 것은 매우 작은 일 같지만 습관이 반복되기 때문에 결국 자신의 건강을 좌우하게 됩니다. 그래서 제대로 된 먹거리를 선택하여 필요한 만큼만 섭취해야 합니다. 우리가 넘치도록 먹을 때 지구 한편에서는 다른 지체가 죽어가고 있다는 것을 잊어선 안 됩니다.

인체는 60조 개의 세포로 이루어져 있습니다. 그 세포의 기능을 살펴보면, 자신의 생명 활동과 아울러 몸 전체의 생명을 위해 세포 간에 상호 협동하는 것을 알 수 있습니다. 그리고 전체의 생명을 위해 자신의 소임을 다하고 죽습니다. 우리도 하나의 세포입니다. 우주의 생명을 공유하는 전체이자 부분인 것입니다. 이렇게 '한 몸 의식'을 갖고 타인을 위해 자신을 내어 줄 때 자신의 생명까지 충만해지는 것입니다. 이것이 생명의 원리입니다.

생태주의자인 저는 자연을 아끼려는 삶의 패턴으로 모든 생활 방식을 바꾸었기에 자원을 낭비한다는 염려에서 지금까지 책 내기를 꺼렸습니다. 시중에 많은 요리책이 있는데 여기에 제 책을 더하면 엔트로피(무질서의 척도. 자연은 점점 무질서해지려는 경향이 있으므로, 우주의 엔트로피는 자연의 모든 과정에서 증가함)가 증가하는 격이 되지 않을까 해서죠. 그러나 암 치유의 관점에서 포괄적인 이론과 요리가 함께 소개된 책은 좀처럼 찾아볼 수 없었습니다. 그뿐 아니라 재료를 쉽게 구할 수 없는 요리가 제시되어 실생활에 활용하지 못하는 데 따른 어려움도 들었습니다. 그래서 저는 용기를 내어 쉽게 손에 잡을 수 있고 응용할 수 있도록 복내에서 암 환자들에게 제공하는 식단의 이론과 요리의 실제를 함께 엮어 보았습니다.

이 책에서는 식탁과 습관을 바꾸어 몸 안의 독소를 배출하는 방법, 면역력을 높이는 영양요법, 암의 유형별로 본 음식 등을 제시했습니다. 그리고 복내에서 실제로 암 환자들에게 제공하는 요리 및 레시피와 사계절 식단을 소개했습니다. 암 치유를 위한 영양이론을 정리했지만 질병 예방 차원에서 일반인에게도 도움이 되어야겠다고 생각했습니다. 아프기 전에 예방을 잘 하는 것은 매우 중요하니까요.

땅과 우주의 기운이 조화를 이루어 생명의 열매를 맺습니다. 자연의 모든 생명체에는 우리가 알 수 없는 생명의 신비가 내재되어 있고, 그 생명을 생명 되게 하는 것은 우리의 마음가짐입니다. 그래서 음식을 만드는 이나 먹는 이가 감사와 겸손의 마음을 갖는 것이 중요합니다. 음식을 통해 자신을 사랑하는 법을 배우고, 더 나아가 자신 밖의 또 다른 나를 사랑할 수 있기를 바랍니다. 모쪼록 저의 졸저가 암 환자들과 가족 그리고 이들을 도우려는 분들께 다소나마 힘이 되었으면 합니다. 잃어버린 에덴동산의 축복이 회복되어 여러분께 건강이 넘치기를 기도 드립니다.

늘 용기를 주는 남편과 사역의 어려움을 함께 견뎌 온 두 딸 다희, 사랑이
와 출간의 기쁨을 나누고 싶습니다.

에덴의 회복을 꿈꾸며

1. 식탁과 습관을 바꾸어 몸 안의 독소 배출하기

암 치료의 세계적 흐름 >>

세계에서 가장 풍요로운 나라 미국. 그러나 그들은 자국의 식탁이 세계 최악이라는 사실을 뒤늦게 깨달았습니다. 1977년 미국 상원의 영양문제특별위원회에 제출한 보고서가 첫 시작점이었습니다. 이 보고서에는 "우리는 어리석었다. 우리가 앓는 많은 질병은 잘못된 식사가 원인이었다"는 학자들의 반성과 한탄이 실려 있습니다. 그들은 "현대의학은 영양 문제에 눈을 감은 편협한 의학"이며 따라서 "의학 혁명이 절실한데 그러기 위해서는 무엇보다 의사의 재교육이 불가피하다"고 제안했습니다.

미국 의학계의 반성은 계속되었습니다. 1985년 "항암제는 무력하다"는 미국암연구소 소장의 충격적인 의회 증언이 이어졌고, 1988년에는 "항암제는 증암제이다"라는 미국 국립암연구소 보고서가 발표되었습니다. 거슨 박사의 딸 샤롯 거슨 여사는 거슨요법에 관한 정보를 망라한 책《거슨요법》(치유와창조)에서 이렇게 말합니다.

"최근에는 일반 의학계에서도 올바른 영양의 중요함을 깨닫고 있다. 전 세계적으로 올바른 식사에 대해 교육을 받아 이제는 지방과 소금을 줄이고, 화학물질과 농약이 없는 식품을 선택하는 시대로 바뀌고 있다."

거슨 여사는 다음의 말을 이었습니다.

"1987년 상원의원 한 사람이, 통상적인 의료요법이 아닌 다른 요법으로 놀랄 만큼 많은 암 환자가 완치되었다는 사실을 알고 그 요법에 관심을 가지기 시작했다. 완치된 이들은 모두 말기 판정을 받은 환자들이었다. 그는 전문 의학자, 연구자, 의사들을 임명하여 조사 프로젝트를 발족시켰다. 미국의회 기술평가국이 임명한 이들 전문가 집단은 미국의학협회가 공인하지 않은 대체요법에 관한 기준까지 설정했다."

그때 시작된 미국 대체요법 학회는 벌써 30회가 넘었습니다. 이 협회는 비영리단체인 미국 암 컨트롤협회와 암 대체요법에 관한 정보를 주고받습니다. 이제 미국은 13개 주에서 대체요법에 보험이 적용됩니다. 그야말로 '암 선진국'으로 변모를 꾀하는 것입니다.

미국은 동양의학 등을 암 치료에 적극 도입하여 환자의 면역력을 높이는 데 성공했습니다. 이미 60퍼센트에 달하는 미국 의과대학에서 대체요법을 정규 과목으로 도입, 전반적으로 볼 때 대체요법과 기존 의료요법이 약 6대 4의 비율로 시행되고 있습니다.

우리나라도 현대의학의 표준 치료와 병행하는 보완대체요법을 통합의료 차원에서 실시하는 병원들이 늘고 있습니다. 샘 안양병원이 대표적입니다. 주로 말기 암 환자들이 이 병원을 찾는데, 최신 치료법과 더불어 면역력을 끌어올려 주는 다양한 보완요법을 실시하여 환자들에게 만족을 주고 있습니다. 이 병원은 영성과 생활 습관 개선을 위한 암 재활 병동을 운영할 계획

이라고 합니다.

한편, 최근 미국에서는 암 치료에 생체의학적인 접근을 병행해야 한다는 강력한 주장들이 쏟아져 나오고 있습니다. 몸 전체를 염두에 두고 부분을 치료해야 한다는 것입니다. 이는 매우 바람직한 방향입니다.

유럽에서도 독일과 스위스를 중심으로 이미 표준 치료와 더불어 다양한 보완통합의료가 자유롭게 활용되고 있어 전이 억제와 재발 방지에 큰 성과를 거두었습니다. 이들 나라에는 자연 속에 암 재활 전문병원들이 속속 세워져 암 환자들에게 편안한 안식처가 되고 있습니다.

습관이 병을 고친다 >>

　　　　　　　　　　　　　"못 고칠 질병은 없습니다. 못 고칠 습관만 있을 뿐입니다."

복내전인치유센터에서 17년 동안 암 환자들을 지켜보면서 사람의 습관이 얼마나 무서운지 뼈저리게 느꼈습니다. 암은 식습관, 생활 습관, 사고 습관과 깊은 연관이 있습니다. 여기에 환경오염 물질이 합세하여 유전자 변이를 가져와 암이 발병합니다.

우리 센터에서 재활에 성공한 사례를 보면, 삶의 패턴과 식습관을 바꾸고 감사와 사랑으로 마음 밭을 채운 사람들입니다. 암은 한 가지 요인으로 발병한 것이 아니기에 치료하려면 전인적인 접근이 필요합니다. 그 중에서 가장 기초가 되는 것이 식습관입니다. 다른 여러 가지를 아무리 잘해도 식습관을 고치지 못하면 결국 암을 이기지 못하고 맙니다.

데이비드 호킨스 박사는 《의식혁명》(한문화)이라는 책에서 근력 테스트로 좋은 음식과 해로운 음식을 구별했습니다. 원래 음식은 하나님이 주셨는데 왜 좋은 음식과 해로운 음식으로 구별될까요? 하나님이 태초에 주신 그대로 먹지 않고, 우리 욕심으로 변형시켰기 때문입니다.

하나님이 주신 대표적인 자연식은 곡류와 콩, 과일, 채소입니다. 이것들을 전체식으로 먹으면 몸에 가장 좋습니다. 전체식으로 먹는다는 말은 껍질과 뿌리, 열매, 줄기, 씨앗을 모두 함께 먹는다는 의미입니다. 전체식은 우주의 가장 좋은 기운을 고스란히 담고 있습니다.

그러나 우리는 영양소가 함축된 껍질을 버리고 부드러운 부분만 취합니다. 그뿐인가요. 거기에 합성조미료와 식품첨가물로 맛을 가미합니다. 산업화와 여성의 사회 진출로 우리 식단은 영양의 균형이 깨졌습니다. 우리 몸은 질병에 노출되었고, 그 중 무지막지한 녀석이 '암'이라는 질병입니다. 영양소의 불균형과 스트레스, 환경오염 물질은 암을 유발하는 가장 큰 요인입니다.

좋은 땅에서 자란 식물은 비타민, 미네랄 함량이 높고 영양소가 풍부합니다. 그런데 안타깝게도 좋은 땅이 사라지고 있습니다. 각종 농약과 화학 비료 사용으로 땅이 산성화되었습니다. 산성화된 땅에서 자란 식물은 비타민과 미네랄 함량이 낮고 상대적으로 질소가 많아 영양의 불균형을 초래합니다. 더군다나 현대인들은 영양소가 많은 껍질을 벗겨 내고 칼로리만 높은 흰쌀과 밀가루 음식을 즐겨 먹습니다. 그 때문에 부족한 영양소를 보충하기 위해 영양보조제를 섭취하는 비경제적인 생활이 반복되고 있습니다.

독소와 해독 >>

자연치유력을 높여 암을 치유하고자 할

때에 가장 먼저 해야 할 일이 몸을 정화시키는 것입니다. 우리의 몸은 대기 오염과 화학물질, 중금속과 농약, 식품첨가물, 스트레스 호르몬 등이 독소로 작용해 좋은 영양물질을 공급해도 인체가 흡수하고 이용하는 데 시간이 걸립니다. 본래 우리 인체는 해독시스템을 갖고 있습니다. 여러 효소 작용으로 활성산소를 중화시키며 우리 몸에 불필요한 성분들을 밖으로 배출시킵니다. 그러나 그 독소 수치가 몸에서 감당하기 어렵게 되었을 때는 자연적인 시스템만으로는 부족합니다. 특히 현대의학적인 치료로 불가피하게 수술이나 화학요법을 했을 때는 독소 수치가 올라갈 수밖에 없습니다.

우리의 세포는 각기 정해진 수명이 있습니다. 그 수명에 따라 자살을 하면서 청소를 담당하는 대식세포에게 신호를 보내고, 신호를 받은 대식세포는 죽은 세포를 처리합니다. 그리고 다음 세대의 세포가 그 자리를 대신합니다. 우리의 인체는 이렇게 신비스러운 작용으로 생명을 이어갈 수 있도록 환경을 만들어 가고 있는 것입니다.

그러나 암세포는 다릅니다. 항암, 방사선 치료로 암세포가 죽으면 암세포는 자기의 죽음에 대한 신호를 보내지 않기 때문에 죽은 세포가 청소되지 못하고 몸에 쌓여 계속 독성을 발휘합니다. 그래서 화학요법을 받은 환자들이 손발이 저리며 식사를 못 하게 되는 것입니다.

증상치료나 수술은 현대의학의 커다란 장점입니다. 그러나 인체를 전체로 보지 못하고 부분만 치료하는 경향이 있습니다. 특히 암 치료 접근 방식에서 항암이나 방사선은 그 폐해가 너무나 큽니다. 초기 암 진단에서는 항암이 완치까지 갈 수 있는 확률이 높으나 재발된 상황에서는 완치의 확률은 극히 낮아 오히려 생명 연장을 목표로 하는 것이 일반적입니다. 그러나 항암 과정에서 삶의 질이 현저히 떨어진 상태의 연장된 삶이 무슨 의미가 있을까 하는 생각을 하게 됩니다. 재발이나 전이 상태에서 항암을 하는 중 3차까지는 효과가 나타나 환자들이 희망을 갖고 치료를 계속하다가 5차 치료를 넘어서면서 자체 면역력이 무너져 부작용이 심각해지는 경우를 허다하게 봅니다. 독일에서 종양학을 연구하고 암 환자들을 돕기 위해 생약 연구를 하는 호서대학교 최옥병 교수는 항암을 꼭 해야 하는 경우를 세 가지로 보고 있습니다.

첫째는 수술을 해야만 하는 상황에서 암 크기를 줄여야 할 때, 둘째는 암의 크기로 인하여 신경이나 다른 장기에 무리를 주어 통증이 심할 때, 셋째는 소아암이나 백혈암일 때입니다.

이외의 항암은 오히려 독이 된다고 지적했습니다. 저는 많은 환우들을 경험하면서 그 말씀에 공감합니다. 그리고 화학요법을 받을 때는 영양치료가 반드시 병행되어야 성공할 수 있습니다. 항암독성과 내독소로 인한 해독을 위해서는 항산화식품을 섭취하는 것이 필요한데 ORAC(활성산소흡수능력)Oxygen Radical Absorbance Capacity 수치가 높은 음식은 보리순, 녹차, 팥, 블루베리, 비트, 포도, 케일, 귤, 사과 등입니다.

독소 배출 >>

피부는 풍욕을 통해서 산소를 흡입하고 노폐물과 독소를 배출하며, 신장을 통해서는 수분을 많이 섭취하여 소변으로 노폐물을 신속하게 배출합니다. 대장을 통해서는 S결장에 있는 간 문맥으로 유기농커피를 주입하여 간 해독을 촉진시키는데 커피에 있는 팔

미트산 성분이 간을 자극하여 글루타치온 중화 효소의 활동을 평소보다 600~700퍼센트 높여 주는 것으로 밝혀졌습니다. 이때 인체의 전체 혈액이 5분이면 간을 통과하고 그 과정에서 글루타치온의 활동으로 혈액 내에 있는 독소를 제거하게 됩니다.

최근 대장 기능의 중요성이 논문으로 많이 발표되고 있는데, 우리가 알고 있는 행복 호르몬인 세로토닌도 대장에서 80퍼센트가 만들어진다고 합니다. 또한 대장에서 서식하고 있는 장내세균총의 분포도에 따라 면역 기능과 아토피, 비만과의 상관성이 있다는 논문이 나왔습니다. 심지어는 자폐증상까지도 대장 환경에 영향을 받는다는 최신 보고가 있습니다.

대장의 환경을 좋게 하기 위한 방법이 여러 가지 있지만 음식의 역할이 가장 큰 부분을 차지합니다. 적극적인 해독에 가장 큰 역할을 하는 것이 단식입니다. 단식을 할 때 우리의 세포는 지방을 사용하면서 지방에 축적되어 있는 중금속이나 오염물질 등을 처리합니다. 또한 소화에 필요한 에너지가 병과 싸우는 데 사용되기 때문에 면역력이 순간 높아지는 이점이 있습니다. 그리고 호르몬의 균형이 자동적으로 일어나게 됩니다. 단, 체중이나 병증을 고려하여 기간과 형태를 각 사람에 맞게 시작해야 합니다.

가장 극단적인 방법은 물 단식을 하는 것인데 암 환자는 신중하게 해야 합니다. 저체중이거나 영양결핍 상태일 때 단식은 오히려 회복하기 어려운 상태가 됩니다. 암 환자들이 가장 안전하게 할 수 있는 단식은 과일과 녹즙을 활용하는 단식입니다. 하루에 과일을 600킬로칼로리 이하로 정하여 세 번에 나누어서 먹고, 녹즙은 600~800밀리리터를 마시면 적당합니다.

과일은 당분을 제공하여 뇌에 포도당을 지속적으로 공급하는 역할을 하며 녹즙은 많은 미네랄과 비타민을 제공해 신진대사를 활발하게 하여 독소 배출을 할 수 있도록 효소 작용을 촉진시킵니다. 과일은 껍질째 먹는 것이 좋으며 채소는 녹즙을 내서 마시는 것이 흡수를 높입니다. 과일은 당이 많기 때문에 껍질째 먹을 때 당 흡수를 느리게 하는 효과를 주어 혈당을 안정시키며, 채소는 불용성 섬유소가 영양소의 흡수를 저해하기 때문에 녹즙으로 마시는 것을 권합니다. 그리고 녹즙을 만들 때는 뿌리채소와 잎채소를 각각 같은 분량으로 6~8가지가 바람직합니다. 우리가 섭취하는 음식에는 영양소뿐만 아니라 재료 고유의 성질이 있습니다. 차가운 성질을 가진 잎채소와 따뜻한 성질을 가진 뿌리채소를 함께 섭취하는 것이 균형감을 줍니다.

아울러 해독을 하는 중요한 방법은 호흡과 마음 명상을 통해서입니다. 호흡은 복식호흡으로 깊게 들숨과 날숨을 하여 가스를 교환합니다. 이때 해로운 가스가 배출되며 우리 몸을 정화시킵니다. 그뿐 아니라 명상과 함께하는 깊은 호흡은 자율신경계를 조절하는 역할을 하여 면역력을 높이는 결과를 가져옵니다. 그리고 명상을 함으로써 뇌파를 치유에너지가 높은 파장으로 유도하는 것입니다. 우리가 어떤 생각을 하느냐에 따라 뇌파가 형성되는데 감사한 마음과 아름다운 것을 생각할 때 알파파가 나옵니다. 이 뇌파가 신경전도물질의 방출을 자극함에 따라 호르몬이 생산되고, 그 호르몬이 신체 각부에서 필요한 작용을 하여 해독시스템을 가동하게 되어 결과적으로 면역력을 높입니다. 해독 역시 전인적인 관점에서 접근해야 합니다.

2. 영양소의 기본 이해

좋은 식사란 필요한 영양소가 골고루 포함된 음식을 말합니다. 어떤 음식을 먹어야 골고루 영양을 섭취할 수 있을까요? 몸에 필요한 모든 것을 포함한 한 가지 음식이란 없습니다. 그렇기 때문에 여러 가지 음식을 먹어야 하며 그래서 식사가 더 즐거워지기도 합니다. 꼭 섭취해야 하는 영양소로는 그 역할에 따라 크게 여섯 가지로 나눌 수 있습니다.

탄수화물 >>

탄수화물은 우리가 생명을 유지하거나 활동하는 데 필요한 에너지를 공급하는 3대 영양소(탄수화물, 지방, 단백질) 가운데 하나입니다. 탄수화물은 단당류(포도당)와 이당류(설탕, 맥아당, 유당), 올리고당(당 3~10개짜리), 다당류(300개 이상의 단당류로 구성)로 나눕니다.

다당류에는 소화성 다당류와 비소화성 다당류가 있는데, 소화성 다당류는 전분 형태로 존재하며 우리가 흔히 먹는 쌀, 밀, 고구마, 감자, 호박, 옥수수에 풍부합니다. 비소화성 다당류는 흔히 섬유소라고 하는데 식물의 껍질 부분에 많습니다. 우리 몸에는 이것을 분해하는 효소가 없어 에너지를 내지 못하고 대장의 박테리아에 의해 분해되어 대장의 연동운동을 도와 주는 역할을 합니다.

탄수화물의 가장 작은 단위인 포도당이 우리 몸에 들어가면 에너지대사(TCA 사이클) 과정이 일어나는데, 이때 비타민과 미네랄, 효소가 필요합니다. 비타민과 미네랄이 부족해서 대사 과정이 끝까지 진행되지 못한 포도당은 중간 대사산물로 남아 산을 형성합니다. 이 양이 많아지면 뇌와 신경계에 손상을 입힙니다. 또한 중성지방 형태로 저장되어 비만을 불러오며 성인병의 원인이 되기도 합니다. 따라서 탄수화물을 섭취할 때는 비타민과 미네랄이 충분한 형태로 섭취하는 것이 중요합니다.

우리가 먹는 백미와 흰 밀가루, 설탕은 비타민과 미네랄이 부족할 뿐 아니라 대장 내 환경을 좋지 않게 만듭니다. 알레한드로 융거의 《클린》(쌤앤파커스)을 보면, 흰 밀가루의 점성 성질은 대장 벽에 달라붙어 장 내에 사는 미생물의 균형을 무너뜨린다고 합니다. 즉 장 내에는 유익균과 유해균이 서식하는데, 유익균의 활동을 막아 유해균의 비율이 상대적으로 높아지면서 변비를 일으키는 원인이 됩니다. 여기서 그치지 않습니다. 변비로 인한 독소 때문에 장 누수 현상이 일어나 독소가 혈관에 침입, 인체를 순환하며 좋지 않은 영향을 미칩니다. 설탕은 효모와 병원성 박테리아의 먹이가 되어 장 내 환경을 무너뜨리는 데 일조합니다. 그래서 탄수화물은 주로 현미와 통밀가루로 섭취하고, 설탕도 가급적 사용을 피하고 조청이나 꿀을 이용하는 것이 좋습니다.

그런데 현미는 껍질이 너무 단단하여 오래 씹지 않으면, 위에서 소화되지 않아 에너지도 주지 못할 뿐 아니라 대장에서 무기질의 흡수도 방해하는 결과를 낳을 수 있습니다. 그래서 현미식을 할 때는 어떻게 먹느냐가 굉장히 중요합니다. 먼저는 오래 씹는 것이 중요합니다. 치아가 약하거나 오래 씹지 못하는 분은 믹서로 갈아서 죽의 형태나 방앗간에서 가루를 빻아 떡의 형태로 만들어 드시면 현미의 좋은 효과를 충분히 누릴 수 있습니다.

지방 >>

지방은 우리에게 에너지를 주며, 몸의 구성 성분이 되고, 지용성 비타민의 흡수를 돕고, 여러 가지 호르몬 및 생리활성물질 등을 생산하는 역할을 합니다. 지방산은 긴 탄소 사슬로 서로 연결되어 있고 여기에 많은 수소가 결합한 형태입니다. 지방산은 포화 정도에 따라 포화지방산과 불포화지방산으로 분류합니다. 포화지방산은 탄소와 수소가 서로 인접하여 결합되어 있어서 안정된 구조를 갖고 있습니다. 이와 달리 불포화지방산은 탄소 수에 비해 수소 수가 모자라 불안정한 구조를 갖습니다. 긴 탄소 사슬에서 수소가 빠진 자리에 이중결합의 모습을 하는데, 이중결합의 숫자에 따라 단일불포화지방산과 다가불포화지방산으로 나뉩니다.

포화지방산은 우리 몸에서 만들 수 있으나 불포화지방산은 만들지 못하기 때문에 식품을 통해 섭취해야 합니다. 포화·지방산은 소기름이나 돼지기름, 버터, 코코넛기름과 같이 실온에서 고체 성질로 존재합니다. 이와 달리 불포화지방산은 불안정한 상태이기 때문에 실온에서 액체로 존재합니다. 그러나 단일불포화지방산인 올리브유는 추운 겨울철이면 들기름이나 참기름보다 더 안정적인 상태가 되어 굳어 버립니다. 우리가 흔히 먹는 기름은 통식품이 아니라 정제된 가공식품입니다. 기름을 어떠한 방법으로 추출하느냐에 따라 우리 몸에 유익할 수도 있고 그렇지 않을 수도 있습니다.

식물성 기름은 종실류에서 얻을 수 있습니다. 압착식으로 추출한 기름은 잘 보관하면 음식 맛을 더해 줍니다. 그러나 고도불포화지방산이 많이 들어 있는 들깨유나 아마씨유, 대마유는 공기와 열에 의해 쉽게 변화하는 성질을 가졌기 때문에 무침이나 샐러드용으로만 사용해야 하며, 신속하게 섭취하여 오래 두고 먹는 일이 없어야 합니다. 단일불포화지방산인 올리브유도 열에 민감하므로 샐러드에 사용하는 것이 좋습니다.

우리가 쉽게 마트에서 구입할 수 있는 옥수수기름이나 콩기름은 불포화지방산이라고 알고 있으나, 분해 정제식 가공 처리를 하면서 우리 몸에 트랜스 지방산의 행동을 할 수 있는 위험이 있습니다. 트랜스 지방산은 불포화지방산에 수소를 첨가하여 액체를 고체화시켜 보관·운반하기 좋은 형태로 만든 것입니다. 마가린이나 쇼트닝이 그것인데 우리 몸에 해로운 역할을 합니다.

지방을 섭취하는 가장 좋은 방법은 견과류(땅콩, 아몬드, 호두)를 통째로 먹거나 들깨, 참깨나 검은깨, 아마씨를 분쇄기에 갈아서 바로바로 사용하는 것입니다. 종실류에 속하는 식물의 씨는 비타민B17이 들어 있어 암 예방과 치료에 좋다는 의견도 있습니다. 그래서 식물을 섭취할 때는 모두 섭취하는 것이 좋습니다.

질병 치유에 가장 좋은 기름은 오메가3 지방산입니다. 이는 암 예방과 치료에 효과가 있으며, 손상된 신경을 회복하고 뇌 기능을 촉진시키며 혈행을 원활하게 하여 심장질환 환자에게도 치료 효과가 있다고 알려졌습니다. 주로 아마씨나 대마, 들깨, 정어리, 연어, 계란 노른자에서 얻을 수 있습니다.

콩기름이나 옥수수기름, 참기름은 오메가6 지방산이 주를 이룹니다. 오메가6 지방산의 지나친 섭취는 염증을 불러일으켜 암 촉진 물질로 기능할 수 있는 위험이 있기 때문에 조금씩 사용해야 합니다.

올리브유에서 얻을 수 있는 오메가9 지방산은 세계적으로 주목받는 건강식의 하나로 샐러드 등 자연식 요리에 많이 사용합니다. 올리브유는 우리 몸 안에서 나쁜 콜레스테롤을 제거하는 역할을 하여 심장질환에 효과가 좋습니다.

단백질 >>

단백질은 뼈, 근육, 머리카락, 손톱 등의 주요 구성 성분이며 효소, 호르몬, 면역 기능을 담당합니다. 또한 산소와 영양소들을 운반하는 역할까지 하는 매우 중요한 영양소입니다.

단백질을 만들어 내기 위해서는 20가지 아미노산이 필요한데, 그중에서 9가지 아미노산은 우리 몸에서 만들어 내지 못해 음식으로 꼭 섭취해야 합니다. 콩, 육류, 생선, 계란, 곡류, 채소에 들어 있는데, 주로 동물성 단백질이 9가지를 잘 갖추고 있으며 생체 이용률이 훨씬 높습니다. 그래서 의사나 영양사들이 병약한 환자에게는 식물성 단백질보다 동물성 단백질을 추천합니다.

그러나 동물성 단백질을 섭취했을 때는 몇 가지 문제점이 있습니다. 동물들을 사육하는 과정에서 항생제나 살충제, 성장호르몬이 사용되기 때문입니다. 거기에 제초제와 살충제를 사용한 곡물을 먹이니 가축 몸에는 계속 화학약품의 성분이 축적됩니다. 특히 성장호르몬은 소의 유선염 발생률을 현저하게 높이고 사람의 건강에까지 악영향을 끼친다고 합니다. 유선염에 걸린 소는 고름 우유를 생산하기 때문에, 낙농업자들은 유선염을 치료하기 위해 막대한 양의 항생물질을 소에게 주입합니다.

또 다른 잠재적 위험 요소는 인슐린 성장 인자1(IGF-1)입니다. 인간 몸에 이것이 너무 많으면 신체 말단이 비대해지는 질병이 생기는데, 일부 과학자들은 이것이 암과 관련 있다고 봅니다. 또한 이들은, IGF-1이 장내 상피세포의 성장과 분열을 자극하며, 결장암 증식이나 인간의 상피 암종과도 연관이 있다는 증거를 발표하기도 했습니다.

2010년 한 조사에 따르면, 초등학교 2학년 여학생의 10~20퍼센트가 성조숙증으로 진단되었습니다. 성장호르몬이 주입된 소고기나 닭고기, 달걀을 섭취한 것을 주원인으로 보고 있습니다. 성조숙아들은 단기간에 성장하므로 성인이 되면 키가 정상인보다 20센티미터 이상 작을 가능성이 있다고 합니다. 또한 급격한 신체 변화에 심리적으로 충격을 받아 정신질환을 앓을 위험도 높다고 하니, 참으로 무서운 일입니다.

숯불고기를 즐겨 먹는 사람들이 있는데, 이때 숯불에 타 버린 부위에 발암성 성분이 있다는 것은 이미 알려진 사실입니다. 1964년 〈사이언스〉에 발표한 리진스키 박사팀의 연구 내용을 보면, 숯불에 구운 스테이크 900그램에는 발암물질의 일종인 '벤조피렌'이 담배 600개비를 태웠을 때 나오는 양만큼 발생한다고 합니다.

육류와 어류 등을 가공하는 과정에서 발색제인 아질산염을 첨가하는데, 이것들은 나이트로사민 생성에 강력한 반응제 구실을 합니다. 나이트로사민은 발암성 물질일 뿐 아니라 돌연변이와 태아의 기형을 유발하는 것으로 밝혀졌습니다. 담배 연기에 많이 들어 있으며, 아질산염과 질산염 함량이 높은 식품과 음료, 약품 등에서 생산될 위험이 높습니다.

고단백 식이는 단백질 분해 산물인 암모니아와 요소를 처리하기 위해 간과 신장에 무리한 부담을 주고, 독성 잔여물을 체내에 그대로 남깁니다. 이것이 신체에 손상을 일으켜 암, 관절염 등 여러 다양한 질병을 유발합니다.

보통 지방과 설탕의 과잉 섭취가 좋지 않다는 것은 알면서 단백질의 과잉 섭취가 해롭다는 것은 모릅니다. 영양학 공부를 따로 하지 않는 한 의사들도 마찬가지입니다. 보통 단백질 식품이라 하면 동물성을 생각하는데, 콩이나 곡류, 야채, 견과류와 씨앗 종류 등 식물성도 있습니다. 콩은 쌀과 함께 먹었을 때 완전단백질을 제공합니다. 콩에 없는 아미노산과 쌀에 있는 아미노산이 서로 보완 효과를 내기 때문입니다. 콩은 단백질을 제공할 뿐 아니라 이소플라본이라는 여성호르몬의 역할을 하는 성분이 있어 골다공증 예방에 좋습니다. 또한 제니스테인 성분은 암 예방과 치료에 효과가 있습니다.

비타민 >>

비타민은 체내 대사나 성장, 건강 유지 등에 관여하는 영양소로 우리 몸 안에서 합성되지 않으므로 반드시 섭취해야 하는 필수영양소입니다. 지용성과 수용성으로 나뉘는데, 지용성비타민은 지방에 녹는 성질을 가지고 있어 지방과 함께 체내에 흡수, 저장됩니다. 반면 수용성비타민은 물에 녹는 성질을 가지고 있어 몸 안에 저장되지 않고 소변이나 대변으로 배설됩니다. 따라서 수용성비타민은 날마다 식사를 통해 섭취해야 합니다.

세포 속에서 일어나는 많은 대사에서 가장 중요한 것은 에너지를 내는 '티씨에이TCA 사이클'입니다. 이 'TCA 싸이클'에서 주연급은 열량을 내는 탄수화물, 단백질, 지방이고, 조연급은 비타민과 무기질입니다. 주연급뿐 아니라 조연급이 조금 부실해도 대사가 잘 진행되지 않아 몸에 불편한 증상이나 질병이 나타납니다.

1990년대에 비타민의 결핍증이 밝혀진 뒤에는 비타민 산업이 상당히 발전했습니다. 그러나 정제한 비타민 알약의 효능은 자연 식품 속에 있는 비타민 효능에 비해 한계가 있을 것입니다.

과학자들은 자연 식품 속에서 유익을 주며 질병을 예방하는 물질을 계속 밝혀내고 있습니다. 과거에는 쓸모없다고 평가했던 성분들 속에서 실제로 수천 가지 보약 성분을 찾아냈습니다. 이를 두고 '식물성 보약 성분'(식물 속에 들어 있는 화학물질)Phytochemical이라고 합니다. 시애틀의 프레드 하친슨 암연구센터의 포터 박사는 식물성 보약 성분은 보통 막는 인자(발암물질에 작용)와 억누르는 인자(발암물질에 의해 시작된 나쁜 변화를 억제)로 작용한다고 지적했습니다.

암을 예방하는 인자를 가진 식품군은 평지과의 야채들입니다. 콜리플라워, 브로콜리, 케일, 무, 콜라비, 양배추 등 양배추과 식품이 해당합니다. 양배추를 한 주에 적어도 한 번 먹은 사람은 이보다 적게 먹은 사람들보다 결장암에 걸릴 확률이 낮았습니다. 양배추에 들어 있는 인돌-3-카비놀이 암으로 진행될 수 있는 염증의 진행을 막아 주기 때문입니다.

하버드 대학교의 월터 윌렛 박사는 "과일과 야채를 많이 섭취하면 암을 줄일 수 있다"고 말합니다. 그는 연구를 통해 비타민, 무기질, 식물 화학물질 같은 미량의 성분이 암을 예방하는 데 중요한 역할을 한다고 밝혔습니다.

아이소싸이오사이아네이트는 식물성 보약 성분 중에 하나인데 여기서 사이어네이트는 독약 성분입니다. 식물들이 자기 몸을 보호하기 위해 식물성 항암물질을 만들어 내는 것입니다. 이 성분은 정상세포에는 들어가지 않으며 암세포에 들어가서 녹이는 기능을 합니다.

식물성 색소 또한 강력한 항암 역할을 한다고 밝혀지고 있습니다.

무기질(미네랄) >>

무기질은 인체의 4퍼센트 정도를 차지하지만 우리 몸을 구성하는 중요한 요소입니다. 분자구조에 탄소를 갖고 있는 물질을 유기물이라고 합니다. 이에 반해, 무기질은 탄소가 없는 단일원소로 에너지를 발생하지 않으며, 우리 몸에서 만들어 낼 수 없는 필수영양소입니다. 무기질은 소장에서 흡수되기 위한 별도의 소화 과정을 거치지 않고, 식품성분에서 분리되어 장내로 흡수됩니다.

동물은 식물로부터 무기질을 얻고 식물은 토양으로부터 무기질을 얻습니다. 동물이 죽어서 흙으로 돌아갈 때 유기물질은 분해되고 무기질은 그대로 자연으로 돌아갑니다. 식물성 식품 속의 무기질 함량은 그 식물이 자라는 토양의 무기질 함량을 반영합니다. 따라서 화학비료를 오랫동안 사용하면 토양이 산성화되어 무기질이 부족해집니다. 또한 산성비도 토양의 무기질을 씻어 내리는 데 큰 역할을 합니다. 그로 인해 현대인들에게 무기질과 비타민 부족 현상이 나타나 면역력이 저하되고 암에 노출된다는 연구 보고도 있습니다.

무기질은 우리 몸에 필수영양소이지만 과량 섭취했을 때는 우리 몸에 독이 됩니다. 그 때문에 식품으로 섭취하는 것이 안전합니다. 다만 치료 차원에서 고용량이 필요할 때는 단기간에 섭취하고 균형 잡힌 식사로 대처해야 한다.

무기질은 산성식품, 알칼리성식품을 만드는 근원이 됩니다. 사람의 혈액이나 체액은 pH7.35~7.45로 약알칼리성을 유지하는 항상성Homeostasis을 지닙니다. 이 범위를 넘으면 몸의 균형이 깨지기 시작하며, 심하면 사망합니다. 체내에서 무기질은 체액에 녹아 이온의 형태로 존재하며 알칼리와 산을 형성합니다. 즉 체액에서 Na^+, K^+ 등의 양이온은 수산기($-OH^-$)와 결합하여 알칼리를 형성합니다. 야채, 과일 등은 섭취 후 체내에서 양이온(Na^+, K^+, Ca^+, Mg^+)을 많이 형성하므로 알칼리성 식품입니다.

SO_4^{-2}, Cl^- 등의 음이온은 수소($-H^+$)와 결합하여 산을 형성합니다. 따라서 흰쌀, 난류, 어육류 등은 섭취 후 체내에서 음이온을 많이 형성하므로 산성식품입니다. 육류는 유황 성분이 있는 아미노산이 많고 인의 함량이 높습니다. 서구 사회의 육류 과잉 섭취는 체내에서 칼슘의 배설을 촉진시켜 노년의 골다공증으로 이어지게 하고 체액을 산성화 시킵니다. 산성식품 또는 알칼리성식품을 지나치게 따져 편식하는 사례가 있는데, 양쪽 식품을 골고루 갖춘 균형식이 바람직합니다. 단, '암'이나 성인병을 앓는 사람은 채식으로 산성화된 체액을 알칼리화로 만들어 줄 필요가 있습니다.

엔자임이란 과학적으로 말하면 '생물의 세포 내에서 만들어지는 단백질성 촉매의 총칭'입니다. 쉽게 말해, 생물이 살아가기 위해 필요한 모든 행위를 가능하게 하는 주체입니다. 동물이든 식물이든 생명이 있는 곳에는 반드시 엔자임이 존재합니다. 예를 들어, 씨앗에서 싹이 나오는 것도 엔자임이 작용하기 때문입니다. 이 싹이 잎으로 성장하고 커다란 줄기로 자랄 때도 엔자임이 작용합니다. 우리 인간의 생명 활동도 수많은 엔자임에 의해 이루어지고 있습니다. 소화 흡수는 물론, 세포가 새로운 것으로 교체되는 신진대사도, 체내에 들어온 독소를 분해해 해독하는 것도 엔자임의 작용입니다.

엔자임은 열에 약하여 50도에서 파괴되기 시작하고 70도가 되면 거의 모두 파괴됩니다. 그래서 불에 조리한 음식에는 효소가 전혀 존재하지 않는 것입니다. 불에 조리한 음식물은 효소가 없기 때문에 이것을 분해하고 소화시키려면 부득이 우리 인체 내에 저장된 효소를 꺼내 와서 사용할 수밖에 없습니다.

그런데 인체 내에 저장된 효소는 음식물의 분배와 소화를 돕는 일 외에도 몸의 모든 세포를 새로 만드는 신신대사와 면역 기능을 담당하기 위해 항상 일정량이 유지돼야 합니다. 그럼에도 불구하고 음식물의 분해와 소화 때문에 이 효소를 꺼내서 사용하면 신진대사와 면역 기능 강화에 사용할 효소는 크게 부족해지고 맙니다. 이렇게 해서 신진대사와 면역 기능이 떨어지면 우리 인체는 동물에게는 발생하지 않는 퇴행성 질병이나 만성병, 생활 습관병이 발생하고 맙니다. 효소가 파괴된 화식火食에 그 원인이 있는 것입니다. 그러나 현대인의 식생활은 화식을 떠나 생각할 수가 없으므로 필연적으로 만성적인 효소결핍증을 앓게 됩니다.

엔자임을 섭취하는 식단을 구성하려면 익힌 채소와 생채소를 1:1 비율로 하는 것이 바람직합니다. 단, 수술 직후 환자나 백혈구 수치가 낮은 환자는 익힌 음식으로 시작하여 서서히 생채식으로 전환하는 것이 바람직합니다.

우리 센터에는 체내 독소를 제거하기 위한 방법으로 생식 단기 프로그램이 있습니다. 체내 효소를 절약하는 생식을 하면 우리 몸의 시스템이 해독에 집중할 수 있고 면역 기능이 강화되는 결과를 가져옵니다.

물 >>

물은 혈액의 83퍼센트로 가장 많이 들어 있습니다. 근육에는 75퍼센트, 피부에는 72퍼센트, 뼈 조직에는 26퍼센트, 지방 조직은 20퍼센트, 치아 조직은 10퍼센트 함유되어 있으며 생명을 유지하는 기능을 합니다. 근육이 많으면 수분 함량이 많고, 체지방이 많아지면 수분 함량이 적어집니다. 따라서 같은 체중이라도 근육질 70킬로그램과 지방질 70킬로그램은 같이 평가할 수 없습니다.

우리가 마시는 물은 입에서 위, 장, 간, 심장, 혈액, 세포 다시 혈액으로 돌아가 신장에서 배설됩니다. 음식의 소화, 흡수, 각 세포로의 전달은 수분이 있어야 가능합니다. 물은 우리 몸에서 일어나는 거의 모든 대사에 관여합니다. 특히 물은 용해하는 역할을 하는데, 이 용해 기능은 맑은 물일수록 좋습니다. 소화된 영양소가 물에 녹아야 흡수가 되고, 노폐물도 물에 녹아야 잘 배설할 수 있습니다.

영양 연구에서는 혈액뿐 아니라 소변 샘플도 자주 사용합니다. 소변 상태를 보고 평가할 수 있기 때문입니다. 소변이 진한 색을 띠면 수분이 부족하다는 것입니다. 신장결석도 물이 부족한 사람들에게 더 많이 생기는데 단식하면서 물만 충분히 마셔도 해결되는 경우가 많습니다.

효소들의 최적온도는 37~40도입니다. 체온 변화가 생기면 효소들이 제대로 작용하지 못하기 때문에 우리 몸은 물을 이용해 효과적으로 체온을 조절합니다. 감기에 걸려 열이 날 때도 수분이 열을 발산시키는 역할을 하여 해열 작용을 합니다. 물은 최고의 냉각제입니다. 그래서 몸이 차가운 사람이나 '암'에 노출된 사람은 따뜻한 물을 많이 섭취하는 게 중요합니다.

플레처 이론 >>

어떤 것을 먹느냐도 중요하지만 어떻게 먹느냐도 중요합니다. 한 연구에 따르면 2,000년 전에는 한 끼 식사에 4,000번을, 1930년대에는 1,500번, 현대에는 300번을 씹는다고 합니다. 현대인은 식사를 즐기기보다 급히 배를 채우는 경우가 많습니다. 사실 불·난치병의 주요 원인 중 하나도 바로 이 점입니다.

반추동물인 소는 하루에 약 150리터의 타액이 나옵니다. 만면 사람은 소변량과 거의 비슷한 1.5리터 정도 분비됩니다. 침 속에는 음식물을 삼키기 쉽게 만드는 뮤신, 전분 분해 효소인 디아스타아제, 세균 번식을 억제시키는 리소좀, 발암 및 공해물질을 해독하는 락토페린과 오시다아제, 미각을 예민하게 하는 게스틴, 철분과 결합하여 치아를 튼튼하게 하는 스타이렌이 있습니다. 그 외에도 산화효소와 과산화효소 등이 있습니다. 사람은 나이 들고 허약해질수록 점점 침샘이 마릅니다. 그래서 갈증을 쉽게 느끼는데 이는 침샘에 문제가 있기 때문입니다. 동물의 경우 침샘을 없애면 눈을 뜨지 못하고 치아와 털이 자라지 않고 색깔이 나빠지고 지능이 저하됩니다.

씹는 운동은 뇌 발달과도 관계가 깊습니다. 오래 씹는 것은 회춘의 비결입니다. 이는 파로틴 호르몬 때문인데 이 성분은 이빨, 근육, 뼈, 결합조직, 혈관 등을 튼튼하게 합니다. 또한 신진대사를 원활하게 하여 기미와 주름 등을 예방하고 피부의 윤기와 탄력을 유지시켜 줍니다. 무엇보다 오래 씹는 것의 유익은 암 예방입니다. 맹독성이 강한 부패된 땅콩 등에서 발생하는 아플라톡신까지도 30초 동안만 침과 함께 섞어 놓으면 발암 작용이 사라집니다.

오래 씹는 습관은 건강과 행복의 지름길이요, 항상 젊게 사는 비결입니다. 90여 년 전에 플레처라는 미국인이 있었습니다. 성공한 실업가인 그는 집에 요리사를 5명 둘 정도로 미식가였습니다. 그로 인해 40대 때 체중이 100킬로그램을 넘었습니다. 그는 의사 권고에 따라 자연식을 천천히 잘 씹어 먹는 습관을 들였습니다. 그리고 마침내 건강을 회복했습니다. 여기서 나온 것이 '플레처 이론'입니다. 건강하고 행복한 삶을 소원한다면, 많이 삼키려 하지 말고 소량의 음식이라도 천천히 즐기며, 오래오래 씹으십시오.

에너지 >>

지금까지 우리는 무엇을 어떻게 먹어야 하는가를 알아봤습니다. 이제 얼마만큼 먹어야 하는가를 생각해야 합니다. 인체가 생명을 유지하기 위해서는 에너지가 필요합니다. 에너지는 개인의 신체 조건, 활동량에 따라 달라집니다. 에너지를 구분하자면, 기초대사량, 육체적 활동, 소화에 필요한 열량 등입니다.

기초대사량은 생명을 유지하기 위해 우리 몸에서 무의식적으로 일어나는 호흡, 혈액순환, 심장 박동, 체온 조절, 호르몬 분비 등을 말합니다. 육체적 활동에 들어가는 에너지는 각 개인이 하루 동안 얼마나 육체적 활동을 하느냐에 따라 달라집니다. 목공이나 농사일 등 육체적으로 힘든 일을 하는 사람과 사무실에 앉아 일하는 사람의 열량이 같을 수는 없습니다. 소화에 필요한 열량은 사람이 음식을 섭취하고 소화하는 데 들어가는 열량이기 때문에 음식을 얼마나 섭취했느냐에 따라 달라집니다. 하루 필요 에너지는 신장, 연령, 성을 기준으로 산출하는데, 대략 성인 남자 필요량은 일일 2,700킬로칼로리, 성인 여자는 2,100킬로칼로리입니다. 그러나 연세가 많거나 키가 작은 사람, 병상 생활을 하는 사람은 그보다 적게 섭취해야 합니다.

보통 우리는 세 번으로 나누어서 음식을 통해 몸에 에너지를 공급합니다. 그러나 개인에 따라 횟수가 달라질 수 있습니다. 예를 들면, 건강한 성인은 세 번으로 나누어 공급받는 것이 이상적이라고 할 수 있으나 노동 강도가 높은 육체노동자나 소화력이 약한 사람, 특히 성인병을 앓는 사람은 5~6회로 나누어 섭취하는 것이 필요합니다. '암'은 혈중 포도당 농도에 영향을 많이 받기 때문에, 일정한 혈당을 유지하기 위해 소식하면서 자주 공급해 주어야 합니다. 당뇨 환자도 마찬가지입니다.

3. 몸을 이롭게 하는 슈퍼스타와 암 유형별로 본 식품 영양

몸에 좋은 여러 음식 중에서도 진정한 슈퍼스타를 꼽으라면 다음과 같습니다.

1) 채소류: 항산화제와 항암 영양소, 식이섬유가 풍부하고 당 부담이 적은 채소는 암 환자를 위한 최고의 음식입니다. 먼저 총천연색 시금치, 당근, 토마토는 색깔이 짙을수록 생약 물질이 풍부합니다. 색소에 있는 바이오플라보노이드와 카로티노이드가 항산화 작용과 면역자극 작용을 하는데, 색이 최고로 짙을 경우 2만여 종의 바이오플라보노이드와 8백여 종의 카로티노이드를 함유하고 있습니다.

양배추, 브로콜리, 콜리플라워 등 양배추과인 겨자류 채소에는 항암 작용을 하는 설포라판과 인돌 화합물이 풍부합니다. 양파와 마늘에는 쿼세틴이 풍부한데, 이 물질은 암세포를 정상세포로 전환시킵니다. 그뿐 아니라 알리신과 S-알릴 시스테인, 셀레늄 등이 있어 암으로부터 보호해 줍니다.

2) 찬물 생선류: 연어, 대구, 넙치, 농어, 고등어 등 깊은 바다에 사는 생선은 암의 전이를 지연하고 면역을 자극하는 EPA와 DHA가 풍부합

니다. 또한 땅의 오염으로 그 수확물에서 점점 부족해지는 미네랄도 풍부합니다.

3) **콩류:** 콩에는 암의 혈관 생성을 막는 제니스테인과 프로테아제 억제제, 식이섬유가 많이 들어 있습니다. 아이소플라본과 피토에스트로겐 또한 강력한 항암 작용을 한다는 사실을 미국국립암연구소에서 발견했습니다.

4) **통곡류:** 오트밀, 쌀, 기장, 밀, 메밀, 보리, 옥수수, 호밀 등 통곡에는 식이섬유가 많아서 위에서 분해될 때 강력한 항암물질인 뷰티르산을 형성합니다.

5) **해조류:** 해조류에는 항균물질이 풍부해 위장관을 세균으로부터 보호하고, 미네랄도 풍부합니다.

6) **총천연색 베리:** 딸기, 블루베리, 산딸기, 나무딸기 등에는 암세포의 자기 파괴를 유도하는 엘라그산이 풍부합니다.

7) **요구르트:** 유산균은 젖당을 발효시켜 위장관과 면역계에 유익한 다양한 부산물을 만들어 냅니다. 면역계의 80퍼센트가 위장관을 둘러싸고 있기 때문에 몸 전체의 방어력을 강화한다고 할 수 있습니다.

8) **녹차류:** 녹차에는 카데킨으로 대표되는 많은 항암물질이 있습니다. 그러나 카페인 성분과 찬 성질이 있어 찬반 논란의 여지는 남아 있습니다.

9) **버섯류:** 영지, 표고, 상황버섯 등 버섯류도 항함 효과가 좋은 것으로 연구 발표되고 있습니다.

10) **알칼리성 물:** 인체의 3분의 2가 물입니다. 물은 생명의 근원입니다.

독성물질을 제거해서 몸을 정화시키고, 산과 염기의 균형을 맞추며, 세포에 영양분을 공급하는 매개체입니다.

음식은 다양한 화학물질의 집합체입니다. 암 환자에게 음식은 통합적인 치료 수단입니다. 우리가 알지 못하던 때에도 음식은 각종 좋은 성분으로 우리를 암으로부터 지켜 주었습니다. 이제야 그 작용이 조금씩 밝혀지기 시작한 것입니다.

암 유형별로 본 식품 영양 >>

열 가지 주요 암에 대한 영양요법입니다.

1) 위암 관리: 위암의 원인을 살펴보면, 헬리코박터 파이로리균이 전체 위암 발병의 20퍼센트 정도 차지하고, 나머지 80퍼센트는 발효식품이나 단백질, 지방질이 고열에 가열될 때 생기는 헤테로사이클릭아민과 니트로소아민 등 아민류가 많이 포함된 음식물을 섭취하기 때문입니다. 헤테로사이클릭아민은 육류나 생선을 높은 온도에서 요리할 때, 특히 불꽃이 직접 닿을 때 생성되는 발암물질입니다. 우리 농산물은 대부분 질소 함량이 높은 비료를 사용하기 때문에 질산염의 함량이 높습니다. 이 아민류가 체내에서 식품첨가물로 사용되는 아질산과 반응하여 니트로소아민이 생성될 수 있는데 이것이 발암성 물질로 분류되었습니다. 또한 한국인은 염장鹽藏식품을 많이 섭취하는 습관 때문에 쉽게 위벽에 자극을 주어 염증을 유발할 수 있습니다. 과다한 나트륨 섭취는 위암의 원인이 되므로 주의해야 합니다.

위암인 경우 자극적이지 않으며 소화가 용이한 것으로 식품을 선택, 조리해야 합니다. 비타민C가 많이 들어 있는 야채류와 감귤류가 암의 진행을 막고 치료하는 데 도움이 됩니다.

위암의 특성을 고려하여 장려할 만한 음식은 식물성 단백질인 콩류와 유기농 달걀, 작은 흰살 생선, 양배추와 콩, 현미와 율무를 이용한 죽이나 밥, 뿌리채소인 당근, 연근, 감자, 우엉, 비트 등입니다. 항암영양소라고 하는 셀레늄이 많이 들어 있는 견과류와 전곡류도 도움이 됩니다.

항암식품과 항산화식품은 모든 암에 좋기 때문에 골고루 균형 있게 섭취하는 것이 필요하며 어떤 식품이 어떤 암을 낫게 한다고 편식하는 것은 위험합니다. 특히 철분제나 붉은 육류의 과다섭취는 암을 더 촉진시키는 인자가 될 수 있습니다.

2) **대장암 관리**: 대장암의 원인은 고지방, 비만, 흡연, 저섬유소 식사, 알코올 등입니다. 식생활이 서구화 되면서 동물성 단백질을 과다 섭취한 것이 큰 원인입니다. 이는 포화지방산의 섭취로 이어지기 때문입니다. 또한 가공 정제된 식품을 섭취하여 섬유소 섭취가 부족해진 것도 큰 원인입니다.

대장암인 경우, 포화지방산과 붉은 육류의 섭취를 줄이고 섬유소가 많은 음식으로 식단을 짜는 것이 중요합니다. 섬유소에는 순섬유소와 조섬유소가 있는데, 순섬유소는 알곡 껍질에 많이 있고 조섬유소는 야채나 과일 등에 많습니다.

대장암의 발병 과정은 엽산과 유산균 숫자와 밀접한 관계가 있습니다. 유산균 수치가 떨어질수록 대장암은 더 빠르게 진행됩니다. 장내에는 호기성균과 혐기성균이 있는데 호기성균의 증식을 높여 주는 환경을 만들어야 합니다. 그것이 바로 순섬유소의 역할입니다. 호기성균과 순섬유소가 많은 대표적 식품은 각각 청국장과 현미입니다.

또한 칼슘 함유 식품을 많이 섭취해야 합니다. 칼슘은 대장암을 유발하는 담즙산과 지방산에 결합하여 발암 작용을 막으며 대장 점막 세포의 분화를 촉진하기 때문입니다. 칼슘이 많은 식품으로는 멸치, 유기농 요구르트, 무말랭이, 토란대나물, 푸른 엽채류가 있습니다. 이외에 비타민D, 셀레늄이 대장암 치료에 도움이 됩니다. 비타민D는 하루 30분 정도 햇볕을 쬐며 운동하면 생성됩니다. 셀레늄이 많은 식품은 견과류, 종실류와 전곡류입니다. 치료 차원에서는 고용량의 셀레늄이 필요하므로 보충제로 섭취하면 좋습니다.

3) 폐암 관리: 폐암의 원인은 흡연, 석면, 연소와 관련된 발암물질, 라돈 같은 환경방사능, 만성폐쇄성폐질환이나 폐섬유화증 같은 기존의 폐질환, 유전적 소인 등을 들 수 있습니다. 요즘 같은 대기오염은 폐암에 노출되기 쉽고 폐암을 회복시키는 데 어려움이 많습니다. 그래서 폐암 환자는 무엇보다도 공기 좋은 장소를 찾아 산소요법과 식이요법을 병행하는 것이 재활에 성공할 수 있습니다. 모든 암 환자에게 가장 좋은 것은 암세포로 인해 발생되는 독소를 제거하는 것입니다. 폐암도 이런 독소를 제거하기 위해 항산화식품을 섭취하는 것이 필요합니다. 항산화식품은 비타민A, C, E 가 많은 식품이며 당근, 토마토, 사과, 늙은 호박, 적양배추, 고구마, 땅콩, 귤 등이 폐암을 치료하는 데 도움이 됩니다. 영양소로는 칼슘, 마그네슘, 아연 등이 있는데 이러한 영양소는 식

품 내에 들어 있지만 치료 차원에서는 고용량을 투여해야 하기 때문에 식품으로는 한계가 있습니다.

4) 췌장암 관리: 췌장암의 원인은 흡연과 알코올로 보고 있습니다. 또한 일부에서는 과다한 지방 섭취로 보는 견해도 있지만 결정적인 증거는 아직 없습니다. 췌장암의 관리는 가장 중요한 것이 혈당 관리입니다. 치료 중에도 인슐린의 체크와 병행 치료가 필요합니다. 그래서 췌장암 환자는 탄수화물을 소량으로 자주 섭취하는 것이 중요합니다. 음식으로는 브로콜리와 시금치, 뽕잎나물이나 찐마늘, 우엉 등이 좋습니다. 생수에 레몬즙을 섞어 수시로 마시고 두릅나물과 여러 가지 채소를 녹즙으로 섭취하는 것이 도움이 됩니다.

5) 갑상선암 관리: 갑상선암의 원인은 유전자 돌연변이, 방사선 노출로 보고 있습니다. 갑상선암을 예방하고 치유하는 식이는 연구된 바가 많지 않습니다. 일부 연구에서 감귤류와 레몬, 두류가 발생 위험을 감소시킨다고 합니다. 갑상선은 우리 몸의 호르몬을 생산, 저장했다가 필요할 때마다 혈액으로 내보내는 일을 합니다. 그래서 갑상선 수술 후 부갑상선 기능 저하증으로 혈중 칼슘 농도가 떨어질 경우를 대비해 칼슘이 많은 식품을 섭취하는 것이 좋습니다. 칼슘을 많이 함유한 식품은 뼈째 먹는 생선류, 요구르트, 콩, 두부, 무말랭이, 토란대나물, 녹색 채소 등입니다. 또한 셀레늄을 복용하면 도움이 됩니다.

6) 유방암 관리: 유방암의 원인은 유전성과 여성호르몬, 방사선 노출과 고지방, 알코올, 셀레늄 저하, 멜라토닌 저하로 알려져 있습니다. 식습관이 서구화 되면서 동물성 단백질과 더불어 포화지방산을 과다로 섭

취한 것이 근본적인 원인입니다. 이 때문에 지방 합성이 증가되고 중성지방은 호르몬 분비를 촉진하는 결과를 낳아 여성호르몬의 과다분비를 일으킵니다. 최근에 독일 암학회는 유방암 발병 과정에 혈중 셀레늄과 아연의 함량 농도가 유방암의 발병과 밀접한 관계가 있다고 발표했습니다. 그러므로 유방암의 경우, 저지방식과 소식을 하는 것이 필요합니다. 또한 아연과 셀레늄이 많이 함유된 비름나물, 시금치, 현미, 통밀, 콩류, 양송이, 굴, 계란, 견과류 섭취가 도움이 됩니다. 오메가3 지방산이 많이 함유된 들깨, 아마씨도 좋습니다.

7) 간암 관리: 간암은 바이러스로 인해 간염-간경화-간암으로 진행된 경우가 많습니다. 바이러스들이 염증을 유발하는 과정에서 여러 가지 노폐물과 독소 물질들이 생성되므로 간암 환자의 경우, 필수영양소 중 칼슘, 마그네슘, 셀레늄, 필수아미노산이 많이 함유된 식품을 섭취하는 것이 필요합니다. 또한 간암 환자는 비타민B 복합체를 투여하는 것이 중요합니다.

간은 우리 인체 내에 다양한 기능을 수행합니다. 그중에서 담즙을 생성하는 기능이 핵심을 이룹니다. 그래서 담낭암, 담관암, 담도암과 같이 담즙분비에 이상이 생긴 환자들은 필수적으로 쓴맛이 나는 식물체의 생즙을 음용해야 합니다. 씀바귀, 민들레, 인진쑥, 칡뿌리, 구절초 등이 도움이 됩니다.

8) 자궁경부암 관리: 자궁경부암의 원인은 인유두종바이러스[HPV] 감염으로 알려져 있습니다. 또한 흡연 및 경구피임약의 장기 복용도 위험인자가 될 수 있습니다. 자궁경부암의 경우, 채소 및 과일, 비타민E가

풍부한 견과류 섭취가 예방과 진행을 막는다고 합니다. 당근, 시금치, 미역, 브로콜리, 토마토, 바나나, 콩 등이 도움이 됩니다.

9) **전립선암 관리:** 전립선암의 원인은 유전, 남성호르몬, 식이습관으로 보고 있습니다. 전립선암을 예방하고 치료에 도움을 주는 식품은, 호르몬에 영향을 주는 이소플라본 성분이 있는 콩류, 리코펜을 함유한 토마토와 수박 등입니다. 셀레늄 함유 식품이나 셀레늄 보충제도 도움이 됩니다.

10) **신장암 관리:** 신장암의 원인은 흡연, 유전, 기존의 신질환, 고혈압, 약물 및 호르몬, 비만, 식이습관, 환경적 요인 등을 들 수 있습니다. 신장암인 경우, 과다한 동물성 지방 섭취와 구운 육류 섭취, 고에너지 음식 섭취 등을 자제하고 저칼로리 식사와 채소, 과일 위주의 섭취가 도움이 됩니다.

장기별 암 예방 수칙

-미국 암연구소(2012년) >>

미국 암 연구소는 전 세계 연구소와 병원에서 나온 암 예방 관련 연구 논문 수천 편을 분석하는 작업을 하고 있습니다. 그중에서 인종이나 계층에 상관없이 항암 효과나 반대로 발암 위험이 일관되게 나타나는 요소들을 모아서 장기별로 암 발생 위험을 줄일 수 있는 항목들을 최근 정리했습니다. 흡연은 거의 모든 암 발생에 영향을 미치기에 장기별 위험 항목에서 빠졌습니다. 비만은 상당수 암 발생에 영향을 미치나, 폐경 전 유방암에 대해서는 암 발생 억제 효과를 갖는 것이 특이합니다. 모유 수유는 어느 경우건 확실히 유방암 예방 효과를 가집니다.

정기적인 운동은 대장암 예방에 결정적인 역할을 합니다. 키 큰 사람은 췌장암, 대장암, 유방암, 난소암, 자궁암 발생 위험이 다소 높게 나타납니다. 이는 유전적으로 성장기에 세포 발달이 빨랐던 사람은 암세포 성장 가능성도 크다는 일반적인 경향을 말합니다.

존스홉킨스 대학의 암(癌)에 관한 통합적인 이해와 처방 >>

암을 없애기 위해서는 항암주사를 맞는 방법, 방사선치료 등(화학적 요법)이 유일한 방법이라고 모든 사람들이 믿어왔습니다. 이에 존스홉킨스 대학은 다른 방법이 있다고 발표했습니다. 아래는 암에 대한 기본적인 생각과 치료법에 대해 존스홉킨스 대학이 최근에 발표한 내용입니다. 지난 17년 동안 복내에서 환우들에게 지도했던 내용과 대동소이한 것을 볼 수 있습니다.

1) 모든 사람들은 몸에 암세포를 가지고 있다.

이 암세포들은 스스로 수십억 개로 복제될 때까지 일반적 검사에는 나타나지 않는다. 의사가 치료 후 암 환자에게 더 이상 암세포가 없다고 말하는 것은 암세포를 찾아내지 못 했다는 것을 의미할 뿐이다. 왜냐하면 그 암세포가 발견하지 못할 크기로 작아졌기 때문이다.

2) 암세포들은 사람의 수명 기간 동안 6~10배 이상 증식한다.

3) 사람의 면역체계가 충분히 강할 때 암세포는 파괴되며, 증식되거나

장기별로 암 발생 위험 높이는 것과 낮추는 것

식도암
▲ 과도한 음주와 비만
▽ 과일과 채소(곡류 제외), 비타민C와 브로콜리 등 베타카로틴 함유 음식

구강암·인두암·후두암
▲ 하루 1~2잔 넘는 음주
▽ 과일과 채소(곡류와 소금에 절인 것은 제외), 당근, 토마토, 살구 등 카로티노이드 함유 음식 섭취

폐암
▲ 흡연, 베타카로틴 보충제 하루 20밀리그램 가량 복용
▽ 과일과 당근, 토마토 등 카로티노이드 함유 음식 섭취

위암
▲ 소금과 소금에 절인 음식, 햄 등 가공된 고기, 훈제고기
▽ 파, 마늘, 부추 등 알리움 성분 채소, 과일과 채소 (곡류와 오이절임처럼 소금에 절인 것 제외)

유방암
〈폐경 전〉
▲ 과도한 음주, 키 큰 여성, 출생 시 과체중
▽ 모유 수유 시행, 왕성한 신체 활동
〈폐경 후〉
▲ 과도한 음주, 전반적인 비만, 키 큰 여성, 복부 비만, 체중 증가
▽ 모유 수유 시행, 왕성한 신체 활동

췌장암
▲ 전반적인 비만, 복부 비만, 키 큰 사람, 빨간색 고기
▽ 운동, 과일, 브로콜리, 시금치, 키위 등 엽산 함유 음식

신장암
▲ 전반적인 비만
▽ 없음

간암
▲ 아플리톡신에 오염된 곡류나 콩류, 과도한 음주, 비만
▽ 과일 섭취

담낭암
▲ 전반적인 비만
▽ 없음

대장·직장암
▲ 빨간색 고기, 햄, 과도한 음수, 비만, 키 큰 사람 설탕이나 철분, 동물성 기름 함유 음식, 치즈
▽ 왕성한 신체 활동, 운동, 파이버 함유 음식, 마늘, 우유, 칼슘, 생선과 셀레니움, 비타민D, 엽산 음식, 과일, 채소

자궁암
▲ 전반적인 비만, 복부 비만, 빨간색 고기, 키 큰 여성
▽ 왕성한 신체 활동, 채소 (곡류 제외)

난소암
▲ 키 큰 여성
▽ 곡류 아닌 채소, 모유 수유

대장·직장암
▲ 하루 1.5그램 이상 칼슘 섭취, 햄, 고칼슘 유제품
▽ 토마토 등 라이코펜 함유 음식, 셀레니엄 함유 음식, 콩류, 비타민E와 알파토코페롤 함유 음식

종양을 형성하는 것이 억제된다.

4) 사람이 암에 걸리면 복합적인 영양 결핍을 보인다.

이것은 유전적, 환경적, 식생활, 그리고 생활습관 상의 요인들에 의한 것이다.

5) 복합적인 영양 결핍을 극복하기 위해, 건강보조식품을 포함한 식습관을 바꾸는 것이, 면역 체계를 강화시킨다.

6) 항암주사 요법은 급속히 성장하는 암세포를 독살하는 것이다.

그러나 골수, 위장 내관 등에서 급속히 성장하는 건강한 세포 역시 파괴한다. 그뿐 아니라 간, 콩팥, 심장, 폐 등과 같은 기관까지도 손상시킨다.

7) 또한 방사선치료 요법은 암세포를 파괴하는 동안 방사선은 건강한 세포, 조직, 기관 역시 태우고, 흉터를 내고, 손상을 입힌다.

8) 화학적 요법과 방사선의 주요 처치는 종종 종양의 크기를 줄이기는 한다.

그러나 화학적 요법과 방사선의 오랜 사용은 더 이상의 악성종양 파괴를 가져오지는 않는다.

9) 인체가 화학적 용법과 방사선으로부터 너무 독한 부담을 가지면, 사람의 면역 체계는 파괴되고 만다.

또한 다양한 감염과 합병증으로 쓰러질 수 있다.

10) 화학적 요법과 방사선은 암세포를 돌연변이시킬 수 있으며, 저항력을 키워, 파괴되기 어렵게 만든다.

수술 역시 암세포를 다른 곳으로 전이시킬 수 있다.

11) 암과 싸우기 위한 효과적인 방법은 암세포가 증식하는 데 필요한

영양분을 공급하지 않음으로써, 암세포를 굶어 죽게 하는 것이다.

[암세포의 영양분]

① 설탕은 암을 키운다.

설탕 섭취를 줄이는 것은 암세포에 영양분을 공급하는 중요한 한 가지를 없애는 것이다.

뉴트러스위트NutraSweet, 이퀼Equal, 스푼풀Spoonful 등과 같은 설탕 대용품들은 아스파탐으로 만들어진다. 이것 역시 해롭다. 좋은 자연적 대용품은 마누카 꿀 또는 당밀 같은 것이지만, 이것도 매우 적은 분량이어야 한다. 식용소금은 색을 하얗게 하기 위해 화학적 첨가를 한다. 좋은 대용품은 브랙의 아미노Bragg's amino 또는 바다 소금(천일염)이다. 흰쌀도 영양의 불균형을 초래하고 당분이 갑자기 흡수되기 때문에 좋지 않다. 현미 등을 섭취하면 당분을 서서히 흡수하여 무리가 없고 영양도 균형 있다. 흔히 삼백이라고 하는 설탕, 소금, 흰쌀은 금해야 한다.

② 우유는 인체, 특히 위장 내 관에서 점액을 생산하도록 한다.

암은 이 점액을 먹는다. 따라서 우유를 줄이고 무가당 두유로 대체하면, 암세포는 굶어 죽을 것이다.

③ 암세포는 산성acid 환경에서 나타난다.

육식 중심의 식생활은 산성이다. 생선을 먹거나, 소고기나 돼지고기보다 약간의 닭고기를 먹는 게 최선이다. 또한 육류는 가축 항생제, 성장 호르몬과 기생충을 포함하고 있다. 이것들은 모두 해로운

데, 특히 암 환자에게 해롭다.

④ **신선한 야채와 주스, 잡곡, 씨, 견과류, 그리고 약간의 과일이 80퍼센트인 식단은 인체가 알칼리성 환경에 놓이도록 도와준다.** 20퍼센트는 콩을 포함한 불에 익힌 음식들이다.

신선한 야채 주스는 살아 있는 효소를 생산하며, 이것은 쉽게 흡수되어 15분 안에 세포에까지 도달하고, 건강한 세포에게 영양을 공급하여 성장을 돕는다. 건강한 세포를 만들기 위한 살아 있는 효소를 얻으려면 신선한 야채 주스(콩의 새싹을 포함한 대부분의 야채들)를 마시고, 하루에 두세 번 생야채를 먹도록 노력해야 한다. 효소는 40도에서 파괴된다.

⑤ **카페인을 많이 함유한 커피, 차(홍차), 초콜릿을 피하라.**

녹차는 암과 싸우기 위한 좋은 대용품이다. 독소와 중금속을 피하기 위해 수돗물이 아닌 정수된 물을 마시는 것이 최선이다. 증류된 물은 산성이다. 피하라.

12) 육류의 단백질은 소화가 어렵고 많은 양의 소화 효소를 필요로 한다.

소화되지 않은 육류는 창자에 남아서 부패되거나 더 많은 독소를 만든다.

13) 암세포벽은 견고한 단백질로 쌓여 있다.

육류 섭취를 줄이거나 삼가함으로써, 더 많은 효소가 암세포의 단백질 벽을 공격할 수 있도록 하여 인체의 킬러 세포가 암세포를 파괴하도록 만든다.

14) 몇몇 보조식품들(IP6, Flor-ssence, Essiac, 항산화제, 비타민, 미네랄, EFAs 등)은 인체 스스로 암세포를 파괴하기 위한 킬러 세포를 활성화하여, 면역 체계를 형성한다.

비타민E와 같은 다른 보조식품들은 유전자에 의한 세포의 능동적 죽음(아포토시스) Apoptosis 또는 손상 입은 세포를 인체의 자연적 방법으로 없애는 것으로 알려져 있다.

15) 암은 마음, 육체, 정신의 질병이다.

활동적이고 긍정적인 정신은, 암과 싸우는 사람을 생존시키는 데 도움을 준다. 분노, 불관용, 비난은 인체를 스트레스와 산성의 상태로 만든다. 사랑하고 용서하는 정신을 배워라

16) 암세포는 유산소 oxygenate 환경에서는 번성할 수 없다.

매일 운동을 하고 심호흡을 하는 것은 암세포를 파괴하기 위해 적용되는 또 다른 수단이다

17) 존스홉킨스 대학과 육군 병원의 권고사항

① 플라스틱 제품을 전자레인지에 넣지 말라. 발암물질인 다이옥신을 만들어 내므로 파이렛그 세라믹 같은 유리 제품을 쓴다.

② 플라스틱 물병은 냉장고에 넣지 말라. 플라스틱이 냉각되면 발암성이 강한 다이옥신을 발생시키며 특히 폐암을 유발한다.

4. 복내 식이요법과 요리의 주요 포인트

시중에 다양한 암 재활 식이요법이 소개되었는데, 공통점을 간추리면 다음과 같습니다. 가공되지 않은 음식 사용, 많은 양의 신선한 채소, 저지방 식이, 규칙적인 식사, 요구르트를 제외한 유가공 제품의 제한, 당분 섭취 제한(혈당 안정 효과), 칼륨 섭취 권장, 나트륨 섭취 제한 등입니다. 복내에서도 균형 잡힌 식이요법을 실시하고 있습니다. 오랜 시간 복내에서 환자들을 돌보며 체득한 복내 식이요법을 소개합니다.

1) 주식: 주식인 밥은 멥쌀현미(40퍼센트), 찹쌀현미(30퍼센트)에 보리, 검은콩, 조, 수수, 율무, 기장, 팥 등 잡곡(30퍼센트)을 섞습니다. 간이나 장이 매우 예민한 경우와 소화력이 아주 떨어진 경우에는 오분도미나 백미에 잡곡을 섞습니다.

2) 부식

• **채소류**(전체 부식 중 35퍼센트): 한 끼에 3종류 이상을 생으로 먹습니다. 채소는 생으로 먹어야만 산을 중화시키는 효과를 볼 수 있으며, 채소에

함유된 풍부한 효소와 영양 성분이 파괴되지 않습니다. 또한 채소가 함유한 수산蓚酸 때문인데, 이는 체내 장관腸管이나 비뇨관泌尿管 운동에 크게 도움을 주고 생체의 생리 기능에도 필수입니다. 채소에 열을 가하면 수산의 기능이 죽어 버리기 때문에 체내의 칼슘과 결합하여 수산칼슘이 되어 신장결석이 되기도 하고, 관절이나 생식기, 혈관 등에 침착되어 말썽을 일으킵니다. 그러므로 채소 요리는 열을 가하지 않고 총 부식의 30퍼센트를 유지하는 것이 좋습니다.

단, 간장병이나 신장병이 이미 발병한 경우에는 일단 채소를 쪄서 먹습니다. 간장병의 경우 생식이나 날 채소를 섭취하면 간 수치가 올라가고, 신장병의 경우 채소의 수산과 칼륨 등이 신장에 부담을 주기 때문입니다. 왜 생식이나 날 채소, 채소즙 등을 섭취하면 간 수치가 올라가는 경우가 있을까요? 채소 성분이 면역력을 키워 간의 염증 세포, 섬유화 된 세포 등 병든 세포와 간 바이러스를 공격하기 때문입니다. 따라서 간 수치가 올라간다든지 신장에 부담을 주는 것은 일시적이기 때문에, 처음에는 쪄서 먹다가 서서히 날것으로 섭취하도록 합니다.

• **생선류**(전체 부식 중 20퍼센트): 생선에 함유된 단백질은 쇠고기나 돼지고기에 비해 적지만, 대신 육류의 단백질과 달리 체내에 있는 여분의 염분을 제거하는 작용이 있어서 좋습니다. 그러나 큰 생선은 육류와 같이 산중독증酸中毒症을 촉진하기 때문에, 생선은 뼈와 머리까지 같이 먹을 수 있는 작은 생선이 좋습니다. 각종 난치병, 만성병 환자들 가운데 피부에 윤기가 있고 살이 쪄서 보기에는 좋은 사람들이 많은데, 이들 대부분의 체질이 산성화 되어 있음을 유념해야 합니다. 먹더라도 조금만

먹되, 생채소와 미역, 다시마 등 알칼리도가 높은 해초류와 같이 먹으면 산^酸이 중화되는 효과를 볼 수 있습니다. 부식 가운데 생선 섭취 비율은 15~30퍼센트 정도가 좋으며 신장병, 간장병, 피부병 환자들은 10퍼센트 선을 넘지 않아야 합니다.

- **해초류**(전체 부식 중 30퍼센트): 미역, 다시마, 김, 톳 등 해초류는 알칼리성이 강하고 특히 동맥경화 방지에 효과가 있기 때문에 끼니마다 먹으면 다른 어떤 보약보다도 좋습니다. 해초류 역시 생으로 먹는 것이 좋습니다. 섭취 비율은 30퍼센트가 적당합니다.

- **씨앗류와 견과류**(전체 부식 중 5퍼센트): 견과류나 종실류는 지방 함량이 높으며 단백질 함량도 육류 못지않게 높습니다. 따라서 소모성 질환과 허약 체질일 경우, 육류 대신 견과류와 종실류를 조심씩 섭취하면 좋습니다. 각종 비타민과 무기질 함량도 풍부하여 고열량, 고단백, 고영양 식품에 속합니다. 참깨, 들깨, 호박씨, 해바라기씨 등 종실류와 호두, 땅콩, 잣 등 견과류는 기름을 짜지 않고 그대로 섭취하는 것이 좋습니다. 기름을 짜서 보관할 경우 공기에 노출되면 기름이 쉽게 산화되어 독성이 생기기 때문입니다. 기름으로 튀긴 음식은 더더욱 몸에 해롭습니다.

- **과일류**(전체 부식 중 10퍼센트): 과일에 함유된 영양소는 몸에 좋은 영향을 미칩니다. 그뿐 아니라 과일에는 구조화된 물이 다량 함유되어 있어 체내 흡수가 순조롭게 이루어집니다. 과일은 수분과 당분이 많아 과식하기 쉬운데, 섭취 비율을 10퍼센트 이상 넘기면 좋지 않습니다. 그리고 제철에 나온 과일을 먹는 것이 필요합니다.

위의 식단을 보고 몇 가지 의문이 들 것입니다. 첫째, 육식에 대한 언급이 없습니다. 이는 세포를 살리려면 육식을 금할 수밖에 없기 때문입니다. 육식을 하면 그 음식물을 분해하는 과정에서 과도한 에너지를 장기간 쏟아야 하므로 몸은 쉽게 피곤을 느낍니다. 또한 돼지나 소에게 항생제를 다량으로 투입해서 비육우를 만드는 현장을 본 사람이라면 육식을 꺼릴 수밖에 없습니다. 물론 중증 환자가 아니라면 조금씩은 허용할 수 있습니다. 단, 육식을 할 경우에는 채소류와 해초류를 많이 섭취하여 산중독증을 막고, 장내에 오래 정체되지 않도록 배설을 촉진해 주어야 합니다. 특히 단백질을 삶으면 그 함량이 반으로 줄어 과식하기 쉬우므로 육류는 맛만 보는 정도에서 수저를 놓는 습관을 가져야 합니다.

둘째, 현미나 채소에서 검출되는 농약에 대한 언급이 없습니다. 농약을 사용하지 않은 유기농 식품을 이용하면 좋겠지만, 중증의 신장병이나 간장병 환자가 아니라면 다소 농약이 검출되어도 큰 문제가 되지 않습니다. 그 자체에 각종 독소를 중화·배출시키는 휘친산 등의 성분이 함유되어 있기 때문입니다. 농약은 수돗물에 15분 정도 담가 두었다가 흐르는 물에 씻으면 우리가 큰 부담을 가지지 않아도 합니다.

이와 같은 비율로 배가 부르지 않을 정도로 음식을 섭취하면, 세포의 재생력과 면역력이 강화됩니다. 3~4개월 꾸준히 실천하면 큰 변화를 경험할 것입니다. 한 걸음 더 나아가, 소금 섭취를 최대한 줄이고 허기만 겨우 면할 정도로 소식小食을 하면 다소 살이 빠져, 보기에는 좋지 않을 수 있지만 세포 재생 효과는 물론 병을 이겨 내는 면역 기능이 강해져 회복이 빠를 것입니다.

자연식이란 재료에 담긴 영양과 맛을 최대한 살린 조리법으로 식탁을 차리는 것입니다. 재료를 어디에서 구하는가부터 식탁에 오르기까지 전체를 생각하되, 함께 사는 공동체적인 마음이 필요합니다. 우리가 지구를 살리는 방법은 여러 가지입니다. 우선 탄소 발자국을 줄이는 지역 구매가 있습니다. 가까운 지역 물품을 구입하는 것은 영양소면에서도 우수합니다. 또한 유기농을 짓는 농부들에게 정당한 가격을 주고 거래하는 것도 중요합니다. 이익이 공정하게 돌아가도록 하는 것, 그렇게 우리가 모두 정의를 실천하는 것이 필요합니다.

다음은 **식단을 구성할 때 고려해야 할 몇 가지**입니다.

- 익힌 야채와 생야채의 균형
- 잎채소와 뿌리채소의 균형
- 한 끼당 5가지 색깔
- 6대 영양소의 균형(탄수화물, 지방, 단백질, 비타민, 무기질, 물)
- 섭취하는 사람의 소화기관, 기호, 영양 상태 고려

다음은 **유의해야 할 조리 포인트**입니다.

- 최대한 영양분이 손실되지 않도록 빠르게 데치기
- 소금과 설탕의 정체가 드러나지 않은 맛 내기
- 재료의 특성을 살린 조리법 선택(빠른 속도, 느린 속도)

- 재료를 통째로 한꺼번에 섭취할 수 있는 조리법 선택
- 정제유를 최소화하고 물로 나물과 야채 볶기

조리할 때는 조리사의 마음가짐이 무엇보다 중요합니다. 그 마음의 기운이 그대로 음식에 들어가기 때문입니다. 우리는 보이는 것이 전부인 줄 알지만 보이지 않는 것이 보이는 것을 결정합니다. 재료 속에 들어 있는 영양소는 물질입니다. 물질 그 자체만 섭취할 때보다 사랑이라는 생명 기운이 몸에 들어올 때 에너지 레벨이 올라갑니다. 같은 재료로 똑같은 조리사가 조리를 해도 그 순간 조리사의 마음가짐에 따라 생명에너지의 파장이 달라집니다. 그 때문에 사랑의 마음으로 정성을 다해 조리해야 합니다. 그 음식을 먹는 사람은 감사한 마음으로 먹게 되고 감사한 마음의 작용이 음식의 에너지 레벨을 올려 주어 치유가 일어납니다.

요리
따라 하기

양배추 말이

양배추 1/2통, 두부 1모,

당근 중 1/4개, 양파 1/4개, 쪽파 2뿌리,

토마토 3개, 표고버섯 5장, 소금 2티스푼, 조청 2스푼.

만들기

1. 양배추를 찜통에 넣고 부드러워지도록 쪄 낸다.

2. 두부를 찜통에 쪄낸 후 마른 보자기에 싸서 물기를 짜낸다.

3. 당근, 양파, 쪽파, 표고버섯을 잘게 다져 두부와 함께 소금간을 하고 버무린다.

4. 3을 양배추로 말아 먹기 좋을 만큼의 크기로 썰어 둔다.

5. 토마토를 껍질째 믹서에 곱게 갈아 1/2이 되도록 졸인 후 조청과 소금으로 간을
   맞춘다.

6. 4에 토마토소스를 끼얹는다.

   •3을 기호에 따라 찜통에 한 번 더 쪄낼 수 있다

*양배추의 효능

양배추에 함유된 인돌-3-카비놀은 암으로 진행될 수 있는 염증 진행을 막아 주며, 백혈구
의 활동을 활성화시켜 종양괴사인자(Tumor Necrosis Factor: TNF)의 분비를 촉진한다. 베
타카로틴과 비타민C가 많아 항산화력 또한 뛰어나다. 식이섬유가 풍부하여 대장암 치료에도
도움을 준다.

사과양배추 버무리

재료

사과 1개, 양배추 1/4통, 파프리카 빨간색·노란색 각 1/3개, 브로콜리 약간, 당근 중 1/2개, 대두콩 1컵, 참깨 1컵, 소금 1/2큰술, 매실청 3큰술(식초 2큰술, 꿀 1큰술).

만들기

1. 사과, 양배추, 파프리카, 당근은 나박하게 썰어 둔다.

2. 브로콜리는 꽃 모양대로 잘라 끓는 물에 소금을 약간 넣고 데쳐 찬물에 헹궈 낸다.

3. 믹서에 익힌 콩과 볶은 참깨, 매실청, 소금은 물을 부어 가며 되직하게 갈아 둔다.

4. 매실청이 없으면 식초와 꿀을 이용해도 된다.

5. 위의 준비한 재료를 모두 섞어 버무린다.

* 팁(tip)

손님상에 올릴 만한 채식 요리이며, 현미떡과 함께 먹으면 한 끼 식사로도 손색없다. 동의보감에는 소화가 어려운 사람에게 사과와 양배추를 같은 양으로 즙을 내어 섭취할 것을 권하고 있다.

표고마늘 조림

재료

표고버섯 500그램, 통마늘 200그램, 당근 중 1개, 피망 1개, 죽염 약간, 볶은 참깨.

만들기

1. 깐 통마늘을 프라이팬에 물을 약간 잠길 정도로 붓고 익힌다.
2. 통마늘이 거의 익어 갈 때, 4등분한
   표고버섯과 깍둑썰기한 당근, 피망을
   함께 넣는다.
3. 죽염으로 간을 맞추고 조리 불을 끈 후 참깨를 뿌린다.

* 표고버섯의 효능

섬유소가 40~45퍼센트 함유되어 있어 대장암에 좋고, 레티난 성분은 항암 효과가 있어 모든 암의 예방과 치료 효과가 있다. 에리타데닌 성분은 혈액순환을 돕고 콜레스테롤 수치를 낮추어 고혈압에 좋다.

*마늘의 효능

알리신 성분이 많아 항암 효과가 있을 뿐 아니라, 소화 촉진, 위장 기능 강화, 노화 억제, 불면증에 탁월하여 하루에 2~3쪽 정도 먹으면 좋다. 또한 혈액과 세포를 건강하게 지켜 주면서 유해한 콜레스테롤을 줄이는 역할을 하여 혈액순환을 원활하게 하고 고혈압 예방에 좋다. 강력한 살균 작용을 해서 각종 식중독균이나 이질균 등을 살균·소독한다. 유기농이나 무 비닐로 키운 마늘이어야 효능이 좋다.

뿌리채소 오븐구이

재료

단호박 작은 것 1개, 당근 1/2개, 양파 1/2개, 고구마 1개, 감자 1개, 사과 1/2개,
호두 1/2컵, 건포도 1/2컵, 올리브유 1스푼, 천일염 1티스푼.

만들기

1. 단호박, 당근, 양파, 고구마, 감자, 사과를 썰어 오븐 틀에 골고루 섞어 깐다.

2. 1에 올리브유와 천일염을 섞어 200도로 예열한 오븐에 넣는다.

3. 30분 후에 꺼내어 잘게 다진 건포도와 호두를 뿌린 뒤 10분 정도 더 굽는다.

4. 색감을 좋게 하기 위해 데친 브로콜리와 생 파프리카를 올려 주면 훨씬 먹음직
   스럽다.

단호박찜

재료 및 만들기

단호박은 여러 가지 요리에 사용할 수 있으나 껍질째 결대로 자른 후 찜통에 쪄서 먹어도 맛이 훌륭하다. 나들이 갈 때 과일과 함께 도시락으로 준비할 수 있는 좋은 식품이다.

*단호박의 효능

단호박은 탄수화물, 섬유질, 미네랄 등이 많이 들어 있어 허약 체질이나 암 환자에게 좋은 영양식이다. 미니 단호박은 비타민A의 전구체가 되는 카로티노이드가 들어 있어 노화 방지와 항암 효과가 있다. 또한 당질이 풍부해 에너지로 사용할 수 있으며 섬유질이 풍부해 장의 운동을 도와 배변 활동을 원활하게 한다.

현미율무죽

맵쌀현미 1공기, 율무 1/3공기, 캐슈넛 1/2공기, 소금 1작은술.

만들기

1. 맵쌀현미를 6시간 이상 불린 다음, 믹서에 참깨와 캐슈넛을 함께 곱게 갈아 물을
   2배 정도 붓고 저어 가며 기호에 맞게 물을 맞추다가 소금을 넣는다.

* 팁(tip)

동의보감에 의하면 율무는 세포 성장을 저해하는 요소가 있어 암 환자에게 추천할 만한 식품
이다. 특히 위암에 효과적이라고 적혀 있다.

현미참깨죽

재료

멥쌀현미 1공기, 참깨 1/3공기, 소금 1작은술.

만들기

1. 멥쌀현미를 6시간 이상 불린 다음, 믹서에 참깨와 함께 곱게 갈아 물을 2배 정도
   붓고 저어 가며 기호에 맞게 물을 맞추다가 소금을 넣는다.

* 팁(tip)

현미와 콩을 3:1의 비율로 섞은 뒤 양파를 약간 곁들이면 맛있고 영양이 우수한 죽이 된다. 복
내전인치유센터에서는 모든 죽에 현미를 이용한다. 콩죽을 끓일 때는 한 번 살짝 익힌 후 믹서
에 갈아서 사용하면 고소한 맛을 더할 수 있다.

현미모듬떡

재료

멥쌀현미 5공기, 찹쌀현미 2공기, 고구마 1/2개, 검정콩 1/2공기, 밤 15개, 건포도
1/2공기, 단호박 1/4개, 대추 6개.

만들기

1. 멥쌀현미와 찹쌀현미를 각각 물에 8시간 이상 불린 후 방앗간에서 소금을 넣고
   빻아 온다.

2. 빻아 온 현미쌀을 체에 한 번 흘린다.

3. 위의 준비한 재료를 모두 적당한 크기로 잘라 쌀과 함께 섞는다.

4. 찜통에 김이 오르면 30분 정도 쪄 낸다.

5. 젓가락으로 찔러 보아 쌀가루가 묻어나지 않으면 익은 것이다.

현미김밥

재료

계란, 시금치, 우엉, 당근, 시금치, 무, 비트, 깻잎, 다시마, 소금, 참기름.

만들기

1. 하루 전에 무와 비트를 3:1로 배합하여 식초, 소금, 설탕으로 밑간을 해 놓는다.
   시중에서 파는 단무지 대신 사용하는 것이다. 비트물이 우러나와 색깔이 곱고
   예쁘다.

2. 현미밥을 지을 때 다시마를 넣고 압력솥으로 한다. 현미가 딱딱하여 씹기 어려운
   사람은 오분도미로 해도 괜찮다.

3. 계란은 자연 환경에서 키운 유기농 계란이어야 한다.

4. 위의 재료를 길게 썰어 우엉은 조청과 소금으로 졸이고, 당근은 살짝 볶는다.
   시금치는 끓는 물에 데쳐 참깨와 소금을 넣고 무친다. 깻잎은 흐르는 물에 씻는다.

5. 밥이 다 되면 소금과 참기름을 조금 넣어 섞어 둔다.

6. 김발에 김을 편 후 밥을 깔고 깻잎을 먼저 올린 후 나머지 재료를 올려 만다.

수수부꾸미

재료

수수 3공기, 올리브유, 팥 1공기, 대추 약간. 천일염, 유기농 설탕, 물.

만들기

1. 불린 수수를 방앗간에서 소금으로 간하고 빻아 물로 되직하게 반죽한다.

2. 대추를 물에 불려 모양 나게 썰어 둔다.

3. 팥은 5시간 정도 불린 후 삶아 물기를 한 번 따라 내고 다시 고슬고슬하게 삶는다.

4. 물기 없는 팥을 소금과 설탕을 조금 넣고 소를 만든다.

5. 1을 동그랗게 빚은 후 준비한 팥을 넣고 그림 모양대로 접는다. 확인!

6. 대추를 올린다.

현미밥

1. 현미, 현미찹쌀, 수수, 검정콩을 4:4:1:1 비율로 섞는다. 조나 율무, 통밀을 추가할 수 있다.
2. 일반 밥 하듯이 물을 붓고 압력밥솥을 이용한다.
3. 불은 보통 불 크기로 한다. 10분 정도 가열한 뒤 압력밥솥의 추가 빙빙 돌면서 소리를 내면 5분 정도 더 가열한다.
4. 불의 크기를 제일 약하게 해서 10분 정도 더 가열한 뒤 불을 완전히 끈다.
5. 5분 정도 뜸을 들인 후에 뚜껑을 열면 된다.
6. 한 끼 식사량은 1공기나 3분의 2 정도가 적당한다. 그 이상 먹으면 과식이 된다.

* 팁(tip)

현미쌀눈은 보통 쌀의 50분의 1 크기이므로 현미밥을 먹을 때 최소한 30번 이상을 씹어 먹어야만 효과가 있다. 그래야 작은 쌀눈이 부서져 소화 흡수된다. 현미의 영양 성분은 70퍼센트 이상이 쌀눈에 있기 때문에 아주 중요하다.

* 현미의 효능

현미배아에는 병과 노화의 원인인 활성산소를 제거할 수 있는 항산화물질(비타민E, 감마오리자놀 등)을 포함하고 있으며, 외피에는 인체 내에 들어 있는 독물과 중금속, 노폐물을 흡착하여 체외에 배출하는 피친산이 있다. 현미는 몸에 좋은 작용을 하는 박테리아를 증가시켜 장 내 세균 활동을 촉진, 변의 체내 정체 시간을 단축시킨다. 덕분에 노폐물을 빨리 내보내고 소화기관을 속히 청소하므로 대장암, 당뇨병, 정맥류, 비만, 만성변비, 치질 등을 예방하고 치료를 촉진한다. 여러 가지 성분 중 옥사코사놀은 콜레스테롤 수치를 낮춰 주고 고혈압과 성인병 예방 치료 효과가 있다.

현미고구마와플

재료

현미멥쌀가루 4공기, 고구마 중 2개, 통들깨 1/2컵, 아몬드 1/2컵, 건포도 1/2컵,
천일염.

만들기

1. 고구마를 껍질까지 먹을 수 있도록 깨끗이 씻은 후 잘게 썬다.
2. 아몬드는 믹서에 갈아 둔다.
3. 건포도는 수입산이라 방부제가 첨가될 가능성이 있으므로 물에 한 번 끓인 후
   깨끗이 헹군다.
4. 현미가루에 1, 2, 3을 넣고 소금과 통들깨, 물을 넣어 천천히 흐를 정도로 반죽한다.
5. 와플 기계에 넣고 구워 낸다.

* 팁(tip)

와플 기계가 없으면 뚜껑 있는 프라이팬을 이용해도 된다.

* 고구마의 효능

고구마는 콩, 토마토와 함께 칼륨이 많은 채소다. 나트륨을 많이 섭취하면 고혈압을 일으키는
데, 칼륨은 나트륨의 배설을 촉진하여 혈압을 내리게 한다. 고구마에 함유된 식이섬유는 배설
을 촉진하는 작용을 하여 대장암에 좋으며, 배타카로틴은 항암 작용을 한다. 고구마는 껍질까
지 먹을 수 있도록 깨끗이 세척하여 요리한다.

브로콜리 콜리플라워 무침

재료

브로콜리 1/2송이, 콜리플라워 1/2송이, 방울토마토 약간, 귤 1개, 매실청 3스푼, 천일염 1티스푼, 참기름 1티스푼.

만들기

1. 브로콜리와 콜리플라워의 꽃송이와 대를 각각 먹기 좋은 크기로 잘라 끓는 물에 소금을 넣고 살짝 데친다.
2. 매실청과 소금, 참기름을 넣고 무친다.

* 브로콜리의 효능

브로콜리는 암 환자에게 추천할 만한 항암 식품으로 날마다 섭취하는 것이 치료에 도움이 된다. 발암물질을 흡착해 배출하는 식이섬유와 발암물질을 해독하는 인돌, 페놀 성분이 많다. 또한 비타민C와 비타민A가 풍부하여 항산화력이 뛰어나 노화를 억제한다. 철분과 단백질의 성분이 풍부해 빈혈을 예방한다. 설포라페인이라는 성분은 위궤양과 위암에 효과가 있다.

무초말이

재료

파프리카 빨간색·노란색 각 1개,

무 중 1/2, 팽이버섯 1줌, 식초, 설탕, 천일염.

만들기

1. 무를 동그랗게 썰어 식초, 설탕, 소금을 2:2:1 비율로 넣은 물에
   30분 정도 절인다.

2. 파프리카와 피망을 약간 굵게 채 썬다.

3. 팽이버섯은 밑동은 자르고 흐르는 물에 씻는다.

4. 절여진 무 위에 파프리카, 피망, 팽이버섯을 올리고 돌돌 만다.

* 무의 효능

무는 소화 효소와 비타민C가 풍부해 소화기 장애 환자에게 좋다. 또한 이소시아네이트라는 항암 성분이 들어 있어 암 환자에게 추천하고 싶은 식품이다. 특히 생선과 함께 먹으면 소화를 촉진하는 역할을 한다.

* 파프리카의 효능

비타민 덩어리라 불릴 만큼 비타민C를 많이 함유하고 있으며 비타민A와 철분 역시 많아 체력이 약한 사람이 즐겨 먹으면 좋은 식품이다. 칼슘과 인이 풍부해 골밀도를 높여 주며, 베타카로틴의 성분이 항암 역할도 한다.

도토리묵 무침

재료

도토리가루 1컵, 생수 5컵, 참기름, 천일염, 고춧가루, 상치, 깻잎, 부추 약간.

만들기

1. 도토리와 생수를 잘 섞어 센 불에서 저으며 끓이다가 물이 끓어오르면 중간
   불에서 20분 정도 저어 준다.

2. 주걱을 세워 잘 흐르지 않을 정도가 되면 소금으로 간을 하고 참기름을 넣는다.

3. 불을 끄고 틀에 담아 찬물에서 식힌다.

4. 먹기 좋은 크기로 잘라 여러 가지 야채와 함께 버무린다.

* 도토리의 효능

도토리에 들어 있는 아콘산은 체내 중금속 및 여러 유해 물질을 배출하여 해독에 도움이 되므
로 암 예방에 좋다. 또한 도토리는 성질이 따뜻하고 타닌 성분을 가지고 있어 배탈과 설사에
효과적이다. 불면증과 소화 불량 치료에도 효과가 있다.

마파두부

재료

두부 1모, 표고버섯 3장, 당근 1/4개, 피망 1/2개, 양파 1/2개, 파프리카 1/2개,
토마토 2개, 조청, 고추장, 천일염.

만들기

1. 두부를 찜통에 살짝 쪄서 깍두기 모양으로 썰어 둔다.

2. 표고, 당근, 피망, 양파, 파프리카를 잘게 다져 둔다.

3. 토마토를 믹서에 갈아 프라이팬에서 중간 불에 졸인다.

4. 3이 처음 양에서 절반으로 줄면 2를 넣고 조청과 고추장을 넣고 한소끔 끓인다.

5. 4에 두부를 넣고 천일염으로 간을 맞춘다.

모듬콩샐러드

재료

강낭콩 1컵, 검정콩 1컵, 대두 1컵, 배 중 1개, 양파 1/2개, 죽염.

만들기

1. 준비한 콩을 냄비에 각각 물에 잠기게 넣어 익힌다.
2. 준비한 소스 재료를 믹서에 갈아 익힌 콩과 버무린다.

* 콩의 효능

콩에 있는 제니스틴은 결장암, 유방암, 전립선암, 폐암, 직장암 등의 예방 치료에 효과가 있고, 이소플라본은 뼈의 골밀도를 높여 주는 역할을 한다. 또한 섬유소가 풍부하여 장내 환경을 개선시키며, 당뇨, 고혈압에도 우수한 치료 효과가 있다. 레시틴은 체내 콜레스테롤 수치를 낮춰 동맥경화와 심혈관 질환을 예방하며, 비타민E는 노화를 억제한다.

양송이밤 조림

재료

양송이 300그램, 밤 200그램, 당근 1/2개, 파프리카 빨간색·노란색, 조청,
생강 약간, 천일염.

만들기

1. 생강을 1티스푼 정도 다져 조청과 물을 같은 분량으로 섞어 조린다.
2. 깐 밤을 1에 넣고 중간 불에 익힌다.
3. 2에 양송이와 당근, 파프리카를 넣어 소금으로 간한다.

*양송이의 효능

양송이버섯은 베타글루칸이 풍부하여 면역력을 증강시키며 비타민B2가 많아 피부 미용에 좋다. 체내 단백질을 합성하는 아미노산이 모든 버섯 중에 가장 많다.

*밤의 효능

밤은 탄수화물, 단백질, 비타민이 풍부하고 칼슘, 철, 칼륨의 함량이 많아 허약한 사람에게 좋다. 이뇨 작용을 좋게 하여 신장 기능도 강화시킨다. 밤의 과당에는 위장을 튼튼하게 하는 성분이 들어 있으며, 비타민C가 풍부해 항산화식품이기도 하다.

더덕 생채

재료

더덕 500그램, 배 1개, 잣 1컵, 소금 1티스푼. 검정깨.

만들기

1. 더덕을 얇게 썰어 둔다. 이때 방망이로 두드려 두면 더욱 부드러워진다.

2. 배와 잣을 소금 간을 해서 믹서에 간다.

3. 1에 2를 넣고 무친다.

4. 검정깨를 뿌려 낸다.

* 더덕의 효능

더덕은 위와 폐를 보호하는 것으로 알려져 있으며 기침이나 가래에도 좋은
약재로 쓰인다. 혈중 콜레스테롤 감소 작용과, 피로 회복 촉진 작용을 한다. 더덕의
효과를 극대화하기 위해 산더덕을 사용하면 피를 맑게 하여 항암 효과까지 볼 수 있다.

감자오믈렛

재료

감자 5개, 파프리카 빨간색·노란색 각 1/2개,

피망 1/2개, 양파 1/2개, 당근 약간,

브로콜리 약간, 계란 1개, 통밀가루 2스푼,

소금 2티스푼, 후추 1/2티스푼, 올리브유 약간.

만들기

1. 감자를 그림과 같은 크기로 잘라 살짝 익힌다.

2. 파프리카, 피망, 양파, 당근을 그림과 같은 크기로 잘라 살짝 데친다.

3. 브로콜리를 그림과 같은 모양으로 잘라 살짝 데친다.

4. 계란 1개와 통밀가루를 섞다가 1과 2를 넣고 같이 버무린다.

5. 프라이팬에 기름을 살짝 바르고 4를 펼친 다음 중간 불로 10분 정도 굽는다.

6. 5에 브로콜리를 보기 좋게 올려 오븐에 5분 정도 굽는다.

* 팁(tip)

감자는 섬유소가 많지 않기 때문에 혈당 관리가 필요한 암 환자나 당뇨 환자는 압력밥솥에 쪄서 껍질까지 먹는 것이 좋다.

* 감자의 효능

감자의 주성분은 전분이며 칼륨, 마그네슘, 철분, 비타민B, 비타민C를 많이 함유하고 있다. 비타민C는 고열로 가열하면 파괴되는 성질이 있지만 감자의 비타민C는 고열에서도 파괴되지 않는다. 감자의 단백질은 완전 단백질에 가까운 아미노산을 갖고 있다. 알칼리성 식품인 감자는 칼슘의 흡수를 돕고 나트륨의 과잉 흡수를 억제하므로 고혈압의 예방 치료에 좋다. 감자에는 세균과 발암물질을 중화시키는 영양소가 풍부해 항암 치료에 효과적이며, 천식 해독 작용도 뛰어나다.

야채샐러드

재료

양배추 중 1/4, 적양배추 소 1/5, 로메인 상추 5장, 새싹 100그램,

파프리카 빨간색·노란색 각 1/2개, 비트 1/4개, 당근 중 1/2개, 브로콜리 중 1/2개.

만들기

준비한 재료를 모두 섞어 천연소스를 곁들인다.

* 팁(tip)

야채나 과일을 씻을 때 수돗물에 10분 정도 담근 후 흐르는 물에 30초 정도 씻으면 농약이 거의 제거된다. 수돗물을 사용하지 않는 가정에서는 식초나 소금물에 담그면 된다.

* 천연 소스 만들기

1. 적당한 크기로 썰어 믹서에 넣고 알맞게 갈아 준다.

2. 간을 본 후 양념을 맞추고 다시 30초 정도 갈아 준다.

견과류(씨앗) 소스

볶은 땅콩(껍질째) 1줌, 캐슈넛 1줌, 양파 중간 1/4쪽, 비트(양파 크기와 동일),
천연 현미 식초, 꿀, 소금 약간.

> *** 팁(tip)**
> 식초는 꿀과 같은 양이 좋고, 무염식의 경우
> 소금은 생략해도 된다. 양념은 적절히 가감한다.

사과파인애플 소스

사과 1개, 파인애플 1/4개, 천일염 1/2티스푼

두유참깨 소스

대두콩 1/4공기, 볶은 참깨 2큰스푼, 양파 1/4개, 올리브유 1큰술, 천일염 1티스푼,
물 적당량.

사과두부 소스

사과 1개, 두부 1/4개, 땅콩 1/2컵, 레몬 2큰스푼, 올리브유 1큰스푼,
천일염 1티스푼, 꿀 2큰스푼.

들깨 소스

들깨가루 1컵, 두유 1컵, 천일염 약간, 물 적당량.

토마토 드레싱

토마토 1개, 캐슈넛 1/2컵, 매실액 2큰술, 꿀 1/4작은술, 레몬즙 1작은술, 천일염 약간.

오분도미 카레라이스

재료

감자 3개, 당근 중 1개, 양송이 20개, 양파 1개, 호박 1/2개, 피망 1개,

카레가루 4인분.

만들기

1. 감자와 당근, 호박, 양파, 피망은 깍두기 모양으로 썰어 둔다.

2. 양송이는 꼭지를 따고 송이는 반으로 갈라놓는다.

3. 감자와 당근, 양파를 먼저 냄비에 물에 잠길 만큼 넣고 끓인다.

4. 3이 거의 다 익어 갈 무렵 호박과 피망을 넣는다.

5. 카레를 풀어 4에 넣고 고루 젓는다.

* 카레의 효능

카레는 강황가루를 이용하여 만든 식품인데, 강황에 들어 있는 커큐민이 항균 작용과 함께 암의 성장을 막아 준다.

* 팁(tip)

오분도미쌀은 현미와 백미의 중간 정도 도정으로 약간의 섬유소가 있고 배아 부분이 살아 있어 비타민의 함량이 백미보다 높다. 현미는 씹지 않으면 소화가 어려우므로 볶음밥이나 비빔밥을 할 때는 오분도미를 이용하는 것이 안전하다. 오분도미는 유기농 매장인 한살림에서 구입할 수 있다. 카레 또한 한살림에서 구입하는 것이 안전하다. 일반 슈퍼에서 파는 카레는 식품첨가물이 너무 많아서 건강에 도움이 되지 않는다.

브로콜리 야채모듬

재료

브로콜리 2송이, 고구마 1개, 파프리카 빨간색·노란색 각 1개, 당근 1개,
콜라비 1/2개, 야콘 1개, 단호박 1/6개.

만들기

1. 브로콜리는 꽃 모양대로 썰어 끓는 물에 살짝 데치고, 나머지 재료는 생야채
   그대로 길게 썰어 놓고 캐슈넛 소스를 곁들인다.

* 팁(tip)

브로콜리는 모양도 예뻐 미각적인 효과까지 준다. 어떤 요리에도 어울리는 식품이다.

두부톳 무침

재료

톳 200그램, 두부 중 1모, 천일염 1티스푼, 참기름 1티스푼,

파프리카 빨간색·노란색 약간, 피망 약간.

만들기

1. 톳은 끓는 물에 살짝 데친다.

2. 두부는 찜통에 찐 후 면보에 싸서 물기를 짜낸다.

3. 파프리카와 피망은 잘게 다진다.

4. 1과 2를 고루 섞은 후 참기름과 소금, 파프리카와 피망을 넣고 버무린다.

* 톳의 효능

톳은 칼슘과 철분이 풍부하고 체액을 알칼리성으로 바꿔 주는 식품으로서 암 환자에게 특히 권장하는 식품이다. 면역력을 높여 주는 톳은 식이섬유가 풍부하여 항암 치료나 진통제 사용으로 변비가 있을 때 섭취하면 더욱 좋다.

암 환자 및 각종 불·난치,
생활 습관병을 앓고 있는 분들과
전인치유 사역에 관심 있는 분들을 초청합니다.

Program

전인건강 강의 및 개별 상담(해독과 영양, 내적·영적 치유, 현대의학과 암),

생식과 과일 및 녹즙으로 이뤄진 절식, 복내 자연식 체험 연수, 전인건강 체조,

발목 펌프 운동, 산림욕, 아로마테라피, 카이로프랙틱, 발마사지,

녹차 해수 냉·온욕, 풍욕과 커피관장, 기현수의 작은 음악회와

최고 수준의 음악 영상, 사랑의 중보기도 등.

www.boknae.org

061-853-7310

전남 보성군 복내면 일봉리 492번지

암을 이기는
복내 사계절 식단표